Alles lijkt zoals het was

Van Frits Spits zijn verschenen:

De Standaards van Spits I
De Standaards van Spits II

Frits Spits

Alles lijkt zoals het was

UITGEVERIJ LUITINGH-SIJTHOFF

Deze uitgave is tot stand gekomen in samenwerking met
Universal Music, Baarn

Eerste druk, oktober 2019
Tweede druk, november 2019
Derde druk, december 2019

Omslagontwerp Moker Ontwerp
Ontwerp cd en cd-sleevebedrukking Moker Ontwerp
Foto auteur © KRO-NCRV, Stijn Ghijsen
Opmaak binnenwerk Crius Group, Hulshout

ISBN 978 90 245 8700 1
ISBN e-book 978 90 245 8701 8
NUR 320

www.boekenwereld.com
www.lsamsterdam.nl

Uitgeverij Luitingh-Sijthoff vindt het belangrijk om op milieuvriendelijke en verantwoorde wijze met natuurlijke bronnen om te gaan. Bij de productie van dit boek is daarom gebruikgemaakt van papier waarvan het zeker is dat de productie niet tot bosvernietiging heeft geleid.

Voor mijn kinderen en kleinkinderen

Inhoud

Voorwoord – Cornald Maas 9
Startplaats – Frits Spits 13

1 *La Vie Est Belle* – Diggy Dex 15
2 *Huis van Fluweel* – Kommil Foo 25
3 *Zelfs Nu Je Zwijgt* – Veldhuis en Kemper 36
4 *Stefan en Lisette* – Spinvis 44
5 *Voor Alles* – Wende 50
6 *Zeg Me Nog Eén Keer* – Rob de Nijs 56
7 *Kom Terug* – Anouk 61
8 *Zitten In De Trein* – Yentl en de Boer 66
9 *Wat Je Doet Met Mij* – Slongs feat. Raymond van het Groenewoud 72
10 *Zoutelande* – Bløf 79
11 *Niemand Weet Hoe Laat Het Is* – Youp van 't Hek 84
12 *Dan Huilt Mijn Hart* – Ernst Jansz & Luna 92
13 *De Laatste Roker* – Theo Nijland 98
14 *Ik Heb Een Hekel Aan De Blues* – Vreemde Kostgangers 106
15 *Man Fan Hout* – Nynke Laverman 114
16 *Eén Nacht Eeuwigheid* – Van Dik Hout 121
17 *Zolang Hij Speelt* – Engel & Just feat. Jawek Kamstra 127

18 *Ken Je Mij* – Trijntje Oosterhuis 132
19 *Magistraal* – Jan Rot 138
20 *Die Zelfbedachte Hemel* – Frank Boeijen 145

Bronvermelding 153
Credits muziek 158

Voorwoord

Frits en Greetje – bij een tv-opname, bij een voorstelling, bij een concert, in de wandelgangen. Hij de man van het woord en de mening, het aanspreekpunt, soms van het grote gebaar; zij de vrouw die rustig en poehaloos, en ogenschijnlijk in zijn schaduw, een sigaretje rookt, met een glimlach om de lippen, en met trouwe, vorsende ogen: anders dan je misschien heel even zou kunnen denken ontging haar niets.

Het is het beeld dat ik ogenblikkelijk voor me zag toen Frits me vroeg het voorwoord voor dit boek te schrijven. Dit is eigenlijk wat ik heel vaak voor me zag, als ik aan Frits dacht, of met hem te maken had: al halverwege de jaren tachtig, toen ik hem voor een lezing in mijn studentenstad Leiden uitnodigde en hij me als dank een bezoekje aan zijn *Avondspits*-studio gunde, en toen ik een paar jaar later als cultuurredacteur voor zijn tv-programma *Nieuwsspits* ging werken. Frits had het vaak over Greetje, sprak zijn liefde uit, gaf blijk van zelfrelativering – niet per se Frits' grootste talent – als hij zichzelf door haar ogen beschreef. Greetje was zorgzaam, liefdevol, nuchter, eigenwijs, bescheiden en afkerig van toneelspel, zei hij dan maar weer eens, en, anders dan hij, niet gesteld op karrevrachten aandacht: zelfs ging ze, ook privé, zoals hij in dit boek beschrijft, liever niet op de foto. Mijn eerste ontmoeting met haar herinner ik me nog goed: ze dwong, met zachte hand, af dat je haar respecteerde en zorgde ervoor dat je eerlijk en vooral jezelf was. Ik vond het geruststellend dat uitgerekend zij de wederhelft van Frits bleek te zijn, en Frits was ronduit opgetogen toen ik hem dat later vertelde. Frits was altijd met Greetje, ook als ze er niet was. Zij, zijn rots in de branding, de beteugelaar van zijn opwinding en temperament, de moeder van zijn zoons, het baken van rust in hun eigen, veilige bastion.

Greetje overleed na een kort maar hevig ziekbed op 4 mei 2018 aan de gevolgen van longkanker, de ziekte waarover ze liever niet sprak. Het bericht van haar dood kwam als een schok voor mij. Niet alleen omdat ik er op te grote afstand te laat kennis van nam – ik was op dat moment voor het Songfestival in Portugal –, maar ook omdat ik me voor Frits geen leven zonder haar kon voorstellen.

Dat blijkt ook wel uit dit boek: Frits probeert in woorden te vangen wat hem overkomen is en wat haar dood voor zijn leven betekent, zijn leven dat nu, zoals hij me mailde, gekenmerkt wordt door 'heel veel vallen en af en toe weer opstaan'. Hij ging schrijven zonder plan vooraf, en dat maakt zijn verhalen juist betekenisvol. Hij zoekt en onderzoekt, zonder zeker te weten, stelt vragen waarop geen antwoord komt, en brengt daarmee zijn proces van rouw in kaart. Hij maakt de balans op van zijn bestaan en geeft zo niet alleen een portret van Greetje maar ook van zichzelf. Hij denkt, anders dan voor haar dood, na over ouder worden en grijpt – als hij herinneringen ophaalt aan hun vakanties, de eerste zoen, de geschiedenis van zijn eigen grootouders en zijn familie – terug op het verleden. Hij zoekt naar houvast, verricht alledaagse handelingen omdat het leven nu eenmaal doorgaat, voert virtuele gesprekken met zijn overleden vrouw, onderneemt pogingen om, zoals hij het zelf beschrijft, haar 'via een brug van woorden nog te bereiken'. Zo probeert hij zijn leven weer vorm te geven, al weet hij donders goed dat dat leven nooit meer zal worden zoals het was, omdat degene die hem het beste kende en doorzag er niet meer is. Nu hij niet meer op Greetje kan terugvallen twijfelt en aarzelt hij, en dat maakt zijn verhalen eerlijk en confronterend: is hij tekortgeschoten?, vraagt hij zich af, is hij soms te veel met zichzelf bezig geweest? De man die het zo vaak beter wist heeft geen pasklare antwoorden meer.

Frits zou Frits niet zijn als hij zijn verhaal niet zou vertellen aan de hand van liedjes en teksten die veel voor hem betekenen en hem juist in deze fase helpen om door te gaan. Van Diggy Dex tot Ernst Jansz, Trijntje Oosterhuis en Frank Boeijen – de titel van het boek, *Alles lijkt zoals het was*, die zo mooi het verraderlijke van rouw in woorden vangt, is ontleend aan een lied van Boeijen dat op een tekst van Frits is geïnspireerd.

Frits schrijft tijdens zijn 'muzikale bedevaart' haarscherp over teksten en liedjes die hem inspireren en ontroeren. Dankzij muziek komen herinneringen, weet ik uit eigen ervaring, aan dierbare momenten en dierbare overledenen, ogenblikkelijk en als vanzelf, bovendrijven. Ik lok het uit, tijdens lange strandvakanties als ik, koptelefoon op het hoofd, urenlang naar de jukebox van mijn eigen bestaan lig te luisteren. Tijdens de uitvaart van mijn vader, die eind mei van dit jaar plotseling overleed, luisterden we naar *Bridge Over Troubled Water* van Simon & Garfunkel, het favoriete lied van mijn vader, als hart onder de riem voor zijn vrouw, en naar *Arcade* van Duncan Laurence omdat het onlosmakelijk met de dood van mijn vader verbonden is: hij overleed vlak na de Eurovisie-zege waarover hij nog zo enthousiast had geappt. Tijdens de uitvaartdienst citeerde ik een mail die Frits me gezonden had: mijn vader is altijd een groot liefhebber geweest van Frits en zijn radioprogramma's.

Al vaak schreef ik verhalen over de dood, en interviewde ik mensen die een dierbare verloren omdat ik wilde weten wat dat voor hun levens betekende. Van groot belang is het, vind ik, om dat wat het leven eindig maakt te bespreken en er verhalen over te vertellen. Het heeft geen zin om, zoals Frits het in dit boek zo mooi omschrijft, 'als de dood voor de dood' te zijn: zelf doet hij niets liever dan over Greetje praten.

Het is betekenisvol en roerend dat hij ons daar in *Alles lijkt zoals het was* deelgenoot van maakt. Het is *zijn* verhaal, vanzelfsprekend, over en voor Greetje, maar het is ook het verhaal voor iedereen die een dierbare verloor en het leven weer zin probeert te geven.

Frits richt in dit boek een monument op voor zijn overleden vrouw, al komt de term 'monument' in haar vocabulaire niet voor, en omschrijft hij het zelf liever als 'een foto die ik met mijn ogen heb genomen'. Door zijn verhalen houdt Frits levend wat verdwenen lijkt: Greetje, zijn Greetje, en zijn liefde voor haar die er altijd zal zijn. Dat is troostrijk. En het is in dit boek vastgelegd voor iedereen die het leven omarmt, op mooie en vreugdevolle momenten, en op de momenten dat het leven tegenzit.

Cornald Maas

Startplaats

Voor u ligt een boek dat ik nooit had willen schrijven. Maar nu het er is ben ik er, hoe tegenstrijdig dat ook mag klinken, toch heel blij mee. Het legt mijn herinnering aan mijn vrouw Greetje vast aan de hand van liedjes die me door het jaar na haar dood heen hebben geholpen. Bijna allemaal nieuwe liedjes. Nog niet erg bekend, maar wel liedjes die zich als het ware openstellen. Ze zijn als gastvrije huizen, u kunt er zo naar binnen. Niks zit op slot. Verhalen, herinneringen en emoties vinden er onderdak. Liedjes waarbij dat kan noem ik 'standaards'; in *De Standaards van Spits I* en *II* heb ik Nederlandstalige verzameld.

Dit zijn *nieuwe* Nederlandstalige standaards. Nieuwbouw. Ze ruiken alsof ze net geschilderd zijn. Fris. Wat ik voel en denk woont er al, maar er is ruimte genoeg voor uw gedachten en gevoelens. Dat zult u vast beamen als u mijn verhalen heeft gelezen en de liedjes heeft gehoord.

Op deze plaats wil ik uitgeverij Luitingh-Sijthoff bedanken voor hun onvoorwaardelijke steun bij het schrijven van dit boek, mijn redacteur Jacques Post die mij aanmoedigde 'moedig voorwaarts' te blijven gaan, en natuurlijk de artiesten, de muzikanten die al het moois hebben gemaakt. Hun muziek heeft mij geholpen om me enigszins staande te houden in een tijd waarin alles leek zoals het was maar niets was zoals het leek.

Frits Spits

1

La Vie Est Belle

Diggy Dex

Laren, herfst 2018

Zie het als een stroom, ik heb er even geen ander woord voor. Een stroom die aan u voorbij zal trekken. Een wilde stroom die muziek, maar ook verhalen meevoert in een wereld waarin alles lijkt zoals het was.

De wind jaagt als voorheen de herfstbladeren op, de regen huilt dikke tranen boven het verdonkerde landschap, boven de kale bomen, boven de naakt geblazen natuur. Ik sta aan de rand van de winter en durf nauwelijks over mijn schouder te kijken. Ik huiver bij de gedachte aan wat was en wat is, en dat is vervreemdend. Ik vier Sinterklaas, maar ze is er niet. Ik schrijf gedichten. Maar ze is er niet. Ik bereid me voor op Kerstmis. Maar ze is er niet. Waarom zou ik nog? Dat is de vraag die voortdurend in me brandt. Natuurlijk, voor mijn kinderen en voor mijn kleinkinderen. Dat besef ik ook wel. Maar haar afwezigheid verlamt me soms zo dat het lijkt alsof een reusachtige hand me tegenhoudt. Die geeft me een gevoel dat ik niet verder kan. Af en toe, niet altijd. Het is echt niet zo dat ik vierentwintig uur per dag met tranen in mijn ogen sta. De werkelijkheid is anders, anders dan ik me ooit heb kunnen voorstellen, als ik me er al ooit een voorstelling van heb gemaakt, anders dan dat ik dacht dat het zou zijn. Ik heb er geen grip op. De dood van mijn vrouw Greetje, die me heeft overvallen, laat niet alleen een leegte achter, de grote leegte, zoals ik dat noem, maar ook een gevoel waarop ik geen vat krijg. Het is glibberig, het glipt me uit handen. Ik weet dat wat me is overkomen onomkeerbaar is en dat ze nooit meer terug zal komen, ook al zeggen sommigen van mijn vrienden dat ik me juist moet openstellen voor een wonder. Dat wil ik wel, maar daar lijk ik niet toe in staat. Ik kan moeilijk geloven in luikjes die opengaan, in een leven hierna. Dood is dood, weg is weg. Mijn vader zei het al. Tot grote ergernis van mijn moeder, trouwens.

Mijn dagen vliegen voorbij. Ik probeer het huis schoon te houden zoals Greetje dat deed. Ik doe de was, ik kook, ik werk in de tuin. Het moet doorgaan, houd ik mezelf voor. En dus heb ik mezelf leren wassen, strijken en koken. Het is mijn eer te na om maaltijden af te halen bij een Chinees restaurant, snackbar of pizzeria. Ik blader kookboeken door, probeer zo veel mogelijk variatie in mijn maaltijden te brengen, ik doe van alles om mezelf aan de gang te houden. Als ik de balken in ons huis stof, de plinten schoonveeg of met de stofzuiger door het huis jakker, geeft dat me het gevoel dat ik heel dicht bij Greetje ben. En ik snap nu beter waarom ze de dingen deed zoals ze ze deed. Ik leer haar huishoudelijke logica kennen, een aanpak die ingenieus in elkaar stak.

Ik weet nu waarom ze erop stond om op zaterdag de bonte was te doen. Dan had ik namelijk net gehockeyd en kon ze de door en door bezwete spullen meteen in de wastrommel stoppen. Ik begrijp nu waarom ze iedere week de lakens verschoonde, dat slaapt veel lekkerder, ik snap waarom ze om de zoveel tijd het pluizenfilter van de wasmachine schoonmaakte, dat van de droger. Ook begrijp ik nu beter waarom ze voor de boodschappen een vaste volgorde aanhield. Eerst naar de slager, dan naar de supermarkt en pas daarna naar de bakker. Je moet ervoor zorgen dat het brood niet helemaal onder in de boodschappentas terechtkomt. Ik lachte haar altijd uit als ze in de folders de aanbiedingen doornam. 'Wat een moeite', zei ik dan steevast tegen haar. Nu doe ik het zelf. En net zoals zij soms deed, schrik ik ervan dat het geld lijkt weg te vliegen. En er is meer dat me overvalt als ik in huis sporen van haar aanwezigheid aantref. Ze is om me heen of, liever gezegd, ze zit in mij, ze stuurt nog en stuurt bij.

Het mooiste voorbeeld is misschien wel de manier waarop ik de overhemden strijk. Ze had het me, jaren geleden, een keer uitgelegd hoe het moet. Eerst de kraag, dan de mouwen, vervolgens de panden. Ze vertelde me hoe ik ze daarna op moest vouwen. Toen ze al bijna niet meer kon, vlak voor haar dood, legde ze op mijn dringend verzoek uit hoe de wasdroger werkte. Ik zie haar vinger nog wijzen naar de knop. Kastdroog extra. De startknop.

Overdag heb ik vaak de radio aan. Meestal op NPO Radio 1, maar ook wel op 3FM of Sublime. Af en toe NPO Radio 5. Radio is troost, zoals ook muziek die kan geven. Maar er zijn momenten waarop juist dan de draadjes in mijn hoofd losraken, dat besef van tijd en plaats vervaagt en ik word overvallen door een intens gevoel van apathie, van onmacht en verdriet. Verdriet waar ik geen naam voor heb, juist omdat het zo diep zit, soms muurvast verankerd.

Is dit een verdrietig boek? Hier en daar wel. Een vrolijk boek? Ook. De aanleiding, de dood van mijn vrouw op 4 mei 2018, mijn lief, ís verdrietig, maar dit boek moet ook een programma worden – programma als in radioprogramma – voor haar, maar ook voor u, dat stromen wil, u mee wil voeren in mijn gedachten die alle kanten opgaan, maar die u ondertussen langs de mooiste nieuwe Nederlandstalige muziek van nu zullen leiden. Zie het als een muzikale bedevaart. Een pelgrimage. Zoiets.

Mijn beginpunt heet, niet toevallig, *La Vie Est Belle* en staat op het album *Karavaan* (2018) van de Amersfoortse Nederlandstalige rapper Diggy Dex. Pseudoniem voor Koen Jansen (1980). Een wonder van een artiest. Hij is in staat zijn heel persoonlijke teksten in te bedden in melodieën die tegenwoordig vaak worden geschreven door meestergitarist en componist René Van Mierlo. Koen had me al eerder betoverd met zijn raps op het album *Golven* (2016 – zie *De Standaards van Spits II*). Op *Karavaan,* zijn zesde album, gaat hij op de ingeslagen weg verder. De rapper die tegenwoordig optreedt in de theaters wordt een steeds completere artiest. Wat me vooral opvalt is dat zijn teksten mij dwingen om na te denken over het leven. Ik vind dat heel boeiend. Immers, Koen is veel jonger dan ik, maar toch heb ik het gevoel dat ik veel kan leren van wat hij te zeggen heeft. Hij vertegenwoordigt niet alleen de stem van een andere generatie, hij ontvouwt, zo jong als hij in mijn ogen ook is, denkbeelden waar ik wijzer van word. Denkbeelden die hij op zijn beurt weer spiegelt aan die van Stef Bos, met wie hij het idealistische *Revolutie van de Liefde* schreef:

Je bent nooit af
Nooit uit
Maar aan verandering verbonden
Geen masterplan
Alleen de kunst van het inspelen
Doet je leven
Laat me lopen op die wegen

En als de tijd vliegt
Dan vlieg ik mee
Alle kanten op
(...)

We leven allemaal van dag tot dag
lopend op een pad
terwijl niemand weet welk
Maar wat we ook willen
We willen allemaal hetzelfde
(...)
We willen allemaal
Uiteindelijk hetzelfde
We willen allemaal
wat liefde voelen hier

Een mens heeft geen idee welke kant het opgaat met zijn of haar leven. Je gaat het levenspad op, op zoek naar liefde, maar je weet niet welke afslagen je onderweg zult tegenkomen. Dat is zo, dat weet Diggy Dex in deze fase van zijn leven al. Ik sta er nu pas bij stil. Dit thema van het onbestemde is ook de kern van *La Vie Est Belle*, het liedje dat me extra raakte. Niet zo vreemd, overigens, de tekst is mede geïnspireerd door de woorden die ik op 26 mei 2018 op de radio sprak na het overlijden van Greetje. Het was mijn eerste programma na haar dood. Ik zei toen:

Toen op de ochtend van de vierde mei
Het eerste licht tussen de bomen schoof
De vroegste vogels een lied aanhieven
Toen overleed mijn vrouw
Een trouw luisteraar van dit programma
Ze hield net zo van de Nederlandse taal als ik dat doe
En heus ze vond niet alles goed of mooi
Maar vaak was ze toch dik tevreden
Natuurlijk bleef ze ook kritisch
Dan vroeg ze heel voorzichtig

Of ik wel helemaal begrepen had wat mijn gast had bedoeld
En of ik dat ene liedje nou echt zo de moeite waard vond
Fijn was dat
Zo'n gesprek
Dat zal ik me blijven herinneren als ik dit programma maak
Dan is het net alsof ze er nog een beetje bij is
En u bent er gelukkig ook
En dat is een hele troost
Welkom in De Taalstaat

Toen ik deze tekst voorlas probeerde ik zo nuchter mogelijk te klinken, maar dat lukte niet helemaal. Het woord vogels heb ik wel eens krachtiger uitgesproken en bij het zinnetje 'en dan is het net alsof ze er nog een beetje bij is', stokte mijn stem. Toch hebben deze woorden blijkbaar veel indruk gemaakt. Op de sociale media werden ze vele malen gedeeld. Zo kreeg ook Diggy Dex ze onder ogen. Hij zat toen, vertelde hij me, in de trein naar Maastricht. Hij werd erdoor geraakt en gaf zijn indruk weer in het liedje dat *La Vie Est Belle* heet, waarvan de strekking is dat geld weliswaar de wereld laat draaien, maar dat liefde de wereld laat zien.

Koptelefoon op
En de radio op play
Ik hoor een man terug van weggeweest zeggen:
Het ging even niet zo best
Laat me rustig uitleggen
Ik heb net mijn vrouw verloren
Terwijl hij haar beschrijft
Voel ik de glimlach verborgen in zijn stem

Ik werd stil van die woorden. Hij had erin gehoord, zonder dat ik dat er bewust in had gelegd, dat ik veel van Greetje heb gehouden. De opname stuurde ik door naar mijn zoons. Ze werden er, net zoals ik, door geroerd. Het was een hele troost dat mijn vrouw, hun moeder, werd opgevoerd in een tekst waarin de schoonheid van het leven wordt bezongen. Zij paste in een mooi leven, zij paste bíj een mooi leven.

Greetje, voluit Margaretha Menger, geboren op 19 mei 1948 in Eindhoven, leerde ik kennen in de vijfde klas van de lagere school in Eindhoven. Voor mij was het liefde op het eerste gezicht. Zo jong als ik was. Ik weet nog precies welke kleren ze droeg toen ik haar voor het eerst zag. Een wit bloesje en een gestreept rokje. Ze had gitzwarte krullen, grote, donkere ogen en een grappig neusje dat aan haar gezicht iets vrolijks en lichts gaf. Nu was het beslist niet zo dat mijn belangstelling voor haar meteen door haar werd gedeeld. Integendeel. Ze moest niets van me weten. Andere jongens in de klas vond ze veel interessanter. Dat bezorgde me slapeloze nachten. Ik fietste vaak door de straat waar ze woonde en een jongen in mijn klas die vlak bij haar woonde werd mede daarom mijn beste vriend. Bij hem ging ik heel vaak spelen. Beetje belachelijk allemaal. En hoe oud was ik toen helemaal?

Greetje was de dochter van Jan Menger (1916-2002), bij leven en welzijn hoofdinspecteur van politie in Eindhoven, en Froukje Verhagen (1916-2003), en groeide ook op in Eindhoven. Ze had één zusje: Hilda. Het was een behoudend gezin waarin Greetje de progressieve uitzondering was. Ze hield veel van haar ouders. Vooral van haar vader. Wel had ze al op jonge leeftijd de behoefte om uit te vliegen. Om op eigen benen te staan.

Het gezin waarin ik ben opgegroeid, ook in Eindhoven,

verschilde nogal van dat van Greetje. Onstuimiger was het, zal ik maar zeggen. Getekend door de oorlog. Ik heb een broer, Sjonk, en twee zusjes, Annejet en Hanneke.

Thuis werden de nodige heftige discussies gevoerd, de maatschappij intens besproken en cultuurbeleving werd gestimuleerd. Maar bovenal benadrukten mijn ouders dat het leven in de eerste plaats mooi is. *Belle.*

La Vie Est Belle. Is dat zo? Ik kijk achterom. Mijn adem stokt als ik de wegen zie die ik gegaan ben, hoe ze voortdurend veranderen. Van een rijbaan met acht rechte rijstroken naar een bochtige provinciale weg, naar kronkelige en zanderige bospaadjes en, heel af en toe, naar een ogenschijnlijk doodlopende weg.

Ik herbeleef mijn eerste optreden als dj in Rosmalen, waar ik een gouden microfoon won, mijn trouwdag, de geboorte van onze kinderen, mijn MO A-diploma Nederlands, gevolgd door mijn universitaire bul voor de studie Nederlands, de allereerste radio-uitzending, *De Avondspits*, *Met Het Oog Op Morgen*, *Tijd voor Twee* en nu *De Taalstaat*. Een koninklijke onderscheiding. Mijn afscheidsuitzending bij de KRO. De geboorte van mijn kleinkinderen. Het zijn zoveel onvergetelijke geluksmomenten.

Maar natuurlijk is een leven, ook mijn leven, niet altijd *belle*. Er zijn momenten geweest waarop ik me diepongelukkig voelde. Bijvoorbeeld aan het begin van mijn studententijd. Of als het weer eens uit was met Greetje. Wanneer mijn ouders ruzie hadden, of ik met mijn broer. Wanneer ik gepest werd op school, toen ik op televisie *De Bezetting* zag, verhalen las over de oorlog. Maar ook, zij het van minder belang, als PSV verloren had, of ikzelf met mijn hockeyclub. Van zware onvoldoendes kon ik dagen in mineurstemming zijn. Ik herinner me nog leraren die de proefwerkblaadjes op volgorde van de behaalde cijfers legden. Wie het best had gescoord lag bovenop, en ik wist dus dat hoe verder de leraar kwam hoe slechter mijn cijfer was. Helaas kwam dat nogal eens voor. Ik was zeker geen goede leerling.

Verdriet was er bij het overlijden van mijn ouders en schoonouders en vooral bij de dood van onze neef Oscar, zijn vrouw Miranda en hun zoontje Remco bij de ramp met de MH17 op 17 juli 2014.

Ik besef dat ik nu een soort balans opmaak, dat ik daarbij besprongen word door duizend gedachten en herinneringen, dat alles door elkaar begint te lopen en dat ik bijna geen onderscheid kan maken tussen toen en nu. Dat overviel me, bijvoorbeeld toen ik op een dag op de fiets door een dorp hier in de buurt reed. Van rechts naderde een groep uitgelaten scholieren. Ik vermoedde dat ze net hun laatste examendag achter de rug hadden. De voorste van de groep had een geluidsbox op zijn stuur gemonteerd waaruit jarentachtigmuziek klonk. Muziek die zijn ouders mooi zullen hebben gevonden, dacht ik. Zonder dat ik het in de gaten had werd ik ingesloten door die uitbundige jonge mensen. Ik plukte de onbezorgdheid van hun gezichten, hun ongeremde vrolijkheid. Ik waande me even één van hen en dacht terug aan de tijd waarin ik zelf zo was. Een tijd waarin alles nog mogelijk leek, toen ik mijmerde over de toekomst en droomde van wat ik allemaal wilde, van idealen die ik met de wereld wilde delen. Ook dacht ik terug aan alle opwinding, alle verlangens die horen bij verliefd zijn. Aan alle liedjes die daarover gaan. Aan al die teksten, die misschien op zich niet zo bijzonder zijn, maar die wel, stuk voor stuk, barsten van de levenslust.

Ik probeer mijn gedachten te ordenen, het moment voor de geest te halen waarop ik voor het eerst bewust het levenspad opstapte en alles nog *belle* leek. Hoe ik me daarna soms moest inspannen om het *belle* te laten blijven. Dat is me al met al heel aardig gelukt. Tot het moment waarop er iets gebeurde waarbij mij de regie uit handen werd genomen, sterker nog, waarbij mij alles uit handen viel. Toen kon ik het leven onmogelijk nog *belle* vinden.

Ik zal er alles aan moeten doen, dat besef ik heel goed, om dat terug te kunnen halen, dat het wél zo is, zodat ik in de toekomst zachtjes met Diggy Dex mee kan zingen: *La vie est belle.*

2

Huis van Fluweel

Kommil Foo

Dr. Holzer. Zijn naam gonsde vaak door mijn ouderlijk huis. Later, veel later pas, kwam ik erachter wat zijn rol in ons leven was. Hij was psychiater en behandelde mijn moeder, die met een enorm schuldgevoel over het lot van haar ouders – mijn opa en oma, beiden vermoord in Auschwitz – zo goed en zo kwaad als maar mogelijk was probeerde om te gaan. Het viel haar zwaar en ze moet af en toe radeloos zijn geweest van verdriet. Ons, haar kinderen, vertelde ze vaak over haar vader en moeder. Elke avond kuste ze voor het slapengaan uitgebreid het fotootje van haar ouders. Die foto van mijn grootouders, die ik dus nooit heb gekend, staat nu op mijn bureau. Mijn opa heeft een gezicht als van een vrolijke volle maan. Mijn oom Frits, de broer van mijn moeder, naar wie ik vernoemd ben, leek erg op hem. En mijn oma? Mijn moeder zei altijd dat ik haar ogen heb. 'Bruunkiekers', zoals ze dat zeggen in Twente, waar mijn moeder vandaan komt.

Toen mijn moeder in 2008 overleed, realiseerde ik me pas ten volle hoe groot haar verdriet moet zijn geweest. Als iemand nog bestaat, leeft, dan is er meestal geen aanleiding voor dergelijke overpeinzingen.

Haar vader, mijn opa, is in oktober 1942 via Westerbork op transport gesteld naar Auschwitz en daar meteen bij aankomst vergast. Mijn oma is op 25 januari 1943 in datzelfde Auschwitz in de gaskamers omgebracht. Vermoord. Ze was één van de patiënten die in de psychiatrische inrichting Het Apeldoornsche Bos was opgenomen. Wat daar toen is gebeurd tart elk voorstellingsvermogen. In de nacht van 21 op 22 januari 1943 zijn alle patiënten met het verplegend personeel in goederenwagons geperst waarvan de luchtkokers waren afgesloten. Patiënten werden gesandwicht tussen matrassen als ze niet meer konden staan. De deuren werden gesloten, ook als er nog handen naar buiten staken, die werden gewoon afgebroken. De meeste patiënten waren al dood voordat de trein Auschwitz bereikte.

Over deze mensonterende gebeurtenis is veel geschreven, onder meer door historici als Lou de Jong en Jacques Presser, maar ook door mijn moeder in haar boek *Afkloppen* (1990), door Eli Asser in *Alles Is Meegenomen* (2004) en door Roxane van Iperen in een artikel dat ze in januari 2019 schreef voor het opinieblad *Vrij Nederland*.

Op 28 januari 2019 ben ik samen met mijn zoon Marnix en mijn zusje Hanneke en haar man Wijtze naar Apeldoorn gegaan. Daar wordt elk jaar deze gruwelijke gebeurtenis herdacht. Het was een gewijde bijeenkomst in basisschool De Prinsenhof in Apeldoorn, waarbij schoolkinderen gedichten voordroegen en de sprekers naar woorden zochten waarvoor eigenlijk geen woorden zijn. Na de bijeenkomst liepen we naar het herdenkingsmonument in het nabijgelegen Prinsenpark. Op het monument las ik de dichtregels van Ida Gerhardt: 'Nooit heb ik wat mij werd ontnomen zo bitter liefgehad'. Ze daalden neer in mijn hart.

Mijn oma is pas in een vrij laat stadium naar Apeldoorn overgebracht. Op 16 januari 1943 werd ze ontslagen uit het R.K. Elisabeth Ziekenhuis in Almelo. Een dag later, op 17 januari, arriveerde ze in Krankzinnigengesticht (dat heette echt zo) Het Apeldoornsche Bosch. Haar naam, zo las ik in haar Rode Kruis-dossier dat ik kon inzien in het Nationaal Archief in Den Haag, werd niet meer geregistreerd.

Mijn oma schreef vanuit het ziekenhuis brieven – die bewaard zijn gebleven – naar mijn ouders, die toen al naar Zwitserland waren gevlucht. Die brieven zijn van een datum voorzien en vermelden de plaats waar ze op de post zijn gedaan: Almelo. De met een zwarte nazi-adelaar afgestempelde enveloppen werden *geöffnet* door het *Obercommando der Wehrmacht,* dat het briefverkeer censureerde. De laatste brief werd op 18 januari 1943 door het ziekenhuis op de post gedaan.

Ik heb mijn best gedaan de brieven van mijn oma te ontcijferen, en dat viel niet mee. Ze zijn op heel dunne velletjes papier geschreven, in vooroorlogs Nederlands. Zo schreef ze op 29 november 1942 vanuit het ziekenhuis aan haar kinderen, onder wie mijn moeder:

> *Ja, kinderen, ik schrijf in een rustuur en dan vraagt jelui hoe het met mijn gezondheid gaat. Wat moet ik daar op antwoorden?*
> *Ik hoop dat ik een keer genezen zal en als jelui allen met vacantie komen dat ik jelui kan ontvangen want zolang in een ziekenhuis te moeten blijven is ook niet alles. Dat kan je denken.*
> *Ik ben nu erg moe (...)*
> *Vele groeten en een dikke zoen van mij voor jelui beiden en denken jelui maar niet te veel aan ons en maken jelui beiden het jelui zo aangenaam en gezellig mogelijk. Wat jelui hebben gehad kan niemand wegnemen. Want kijk nu naar ons. Ik had al zes dagen achter elkaar kool.*

Toen ik die brieven las en een beetje begreep wat er werkelijk stond, bekroop me hetzelfde gevoel dat ik had bij het lezen van *Het Achterhuis*, het dagboek van Anne Frank. De woorden kon ik niet meer losweken van de geschiedenis. Wat er staat – mijn oma is zich als ze de brieven schrijft nog niet van het grote kwaad bewust – lijkt betrekkelijk onschuldig, maar ik, de lezer, weet beter.

Mijn moeder heeft geprobeerd haar ouders voor ons tot leven te brengen. Mijn opa moet een zorgzame, vriendelijke man zijn geweest die alles voor zijn kinderen overhad, die bovendien ook de onderduik van zijn zoon Frits, mijn oom dus, financierde. Mijn oma had een ongebreidelde fantasie en kon prachtig verhalen vertellen, maar ze was tobberig van aard en had te kampen met een matige fysieke en geestelijke gezondheid. Ze zou ooit een poging tot zelfdoding hebben gedaan en om die reden zou ze na haar verblijf in het ziekenhuis in Het Apeldoornsche Bos terecht zijn gekomen.

Aan het begin van de oorlog leerde mijn moeder mijn vader kennen tijdens een feestje aan de Linnaeusparkweg in Amsterdam. Zij was verpleegkundige, hij was arts. Omdat mijn vader joods was mocht hij van de Duitse bezetter alleen nog joodse patiënten behandelen. Mijn moeder werkte in het CIS, een joods ziekenhuis. Op 10 januari 1942 vertrok mijn vader naar Zwitserland, mijn moeder reisde hem later achterna. Het afscheid dat eraan voorafging heeft mijn moeder beschreven in haar boek *Ik Zou Weer Zo Gek Zijn* (De Bezige Bij, 1984):

25 januari 1941. Halfvijf. Een koude heldere ochtend. Zoeklichten flitsen langs de sterren. Amsterdam. Weteringschans 243. Het portiek is donker.
'Ik vind je lief, ik kan je niets beloven. Ik ga weg!'
10 januari 1942. Hij ging.
Ik bleef.

Het zijn kleine, korte, bijtende, maar daarom des te schrijnender, hartverscheurende zinnetjes. Mijn blik bleef eroverheen gaan en ik zag zoeklichten die langs sterren flitsten. Oorlog en vrede.

Mijn moeder had een romantische geest. Iets verderop schrijft ze in haar boek dat, na het vertrek van mijn vader, het leven in Nederland steeds zwaarder werd. Ze deed illegaal werk, probeerde weg te komen, maar werd vastgezet. Toch lukte het haar later Nederland te ontvluchten. Ze schreef:

> *Bioscoop in Parijs. Vijf, zes keer de film Boléro gezien. Muziek van Ravel. Simone Signoret was toen nog een figurante.*

Uiteindelijk slaagde ze erin met hulp van onder meer een Franse advocaat Zwitserland te bereiken en werd herenigd met mijn vader. Dit verhaal, deze geschiedenis, is een film op zich. Al wat ik er mee wil, is aangeven hoe de oorlog moet hebben huisgehouden in het hoofd van mijn vader en moeder. Toch hebben ze allebei, godzijdank, niet de vernedering van de kampen hoeven te doorstaan, anders had ik het allemaal nog niet zo geweten. Ook niet kunnen weten, om de eenvoudige reden dat ik er nu niet geweest zou zijn.

De angsten die met name mijn moeder heeft doorstaan hebben haar haar hele leven achtervolgd, vandaar de behandelingen door psychiater Holzer. Van het jodendom wilde ze niets meer weten. Ze voelde zich zo beschadigd en was zo bang dat ons, haar kinderen, eenzelfde toekomst te wachten zou staan, dat ze ons weghield van welke joodse connectie ook. Dat was natuurlijk onbegonnen werk, maar toch heeft ze dat haar hele leven proberen vol te houden. Vanuit die context bezien is het eigenlijk een godswonder dat zowel mijn vader als mijn moeder erin zijn geslaagd om mij en mijn broer en zusjes op te voeden met een optimisme en levensvreugde die soms onbegrensd leek.

Bijvoorbeeld als mijn verjaardag eraan kwam. Mijn moeder voerde de spanning zo hoog op dat ik van pure uitputting en opwinding op de dag zelf steevast ziek was. Haar compensatiedrang voor al het verdriet dat in haar stoomde en gistte kende geen grenzen. Dat verklaart ook waarom ze zoveel feesten gaf, zo vaak uitbundige reizen maakte, haar huis vulde met vrienden en kennissen die wij allemaal oom en tante moesten noemen. Echte familie was er nauwelijks over, mijn moeder creëerde eenvoudigweg een nieuwe familie.

Als kind kreeg ik van de oorlog niet veel meer mee dan verhalen die vanuit de derde persoon werden verteld. Alsof het niet ons betrof, maar anderen. Toch vertelden mijn ouders wel degelijk over de gaskamers, vrij nauwgezet ook. Dat de Duitsers na aankomst de gedeporteerde joden misleidden door te zeggen dat ze onder de douche zouden gaan. Verschrikkelijke verhalen, maar omdat mijn ouders verkozen die te verhullen, besefte ik geen moment dat die verhalen over mijn opa en oma's gingen. Over ons gingen. Over mij.

In essentie schiep mijn moeder een geheel nieuwe wereld. Voor zichzelf en voor ons. Ik ben haar daar dankbaar voor, maar ik begrijp ook hoe groot de inspanning voor haar moet zijn geweest om dat voor elkaar te boksen.

Mijn jeugd werd nauwelijks beïnvloed door de oorlog. Zeker de eerste tien jaar niet. Wat mij nog heel goed bijstaat is het nieuwe huis dat mijn ouders lieten bouwen. Mijn moeder had geld geërfd van haar vader en moeder en daar kon ze de grond van betalen. Cash. Heilig verklaarde grond, met een huis dat gedragen werd door de nagedachtenis aan haar ouders. Ik zag het groeien, ik heb op de steigers gestaan, het vers gestorte beton geroken en met mijn handen de nieuwe bakstenen gevoeld. Het was een aaibaar huis dat halverwege de straat werd opgetrokken, een van de allereerste woningen in een nieuwe wijk. Een fijn huis waarin, dankzij de hoge ramen, veel licht naar binnen viel. Op de benedenverdieping bevonden zich een grote huiskamer met een open haard, een ruime hal, de spreekkamer en de onderzoekkamer van mijn vader, een wachtkamer voor de patiënten en de keuken. Precies in het midden van de eerste verdieping, je kwam er via een open trap met ijzeren, witgeschilderde spijlen, was mijn kamer. Eromheen waren de kamers van de rest van de familie. En natuurlijk ook een badkamer en een aparte douche. Het kon niet op. Op de zolderverdieping waren een logeerkamer en een werkkamer annex speelkamer, waar mijn elektrische trein heel wat rondjes heeft gereden. Het was een huis waarin we vooral gelukkig waren, met rondom een grote tuin die liefde en aandacht van ons allemaal kreeg. Op mijn werkkamer in mijn huidige woning in Laren hangt een tekening van dat huis, dat gelegen was aan de Coornhertlaan in Eindhoven. Als ik ernaar kijk komen de herinneringen weer boven, hoor ik geroezemoes, gesprekken, muziek, radio, gelach en geruzie, beleef ik opnieuw alle feesten die er zijn geweest, zie ik alle mensen die er op bezoek kwamen weer voor me, beleef ik weer alle wijze lessen die ik er heb aangehoord.

Toen ik voor de eerste keer *Huis van Fluweel* van Kommil Foo hoorde, was mijn ouderlijk huis het eerste waar ik aan moest denken. De Vlaamse broers Raf (1965) en Mich Walschaerts (1969) bezingen hún ouderlijke woning, hoe gelukkig ze daar zijn geweest. Natuurlijk kleeft mijn herinnering aan die bijzondere tekst, maar los daarvan is het een van de meest ontroerende liedjes die ik ken. Bovendien is er inmiddels een perspectief bij gekomen, want het gaat niet alleen meer over mijn ouderlijk huis, maar ook over de woning waar mijn kinderen zijn opgegroeid. In Laren. Zo'n huis dat bij ze paste, waar ze zich goed voelden, waar ze fijne herinneringen aan hebben. Zoals de herinnering aan hun overleden moeder.

Hun herinneringen kwamen ter sprake tijdens de uitvaart van Greetje. Mijn zoons schetsten een liefdevol beeld van haar. Zo had ik haar nog nooit gezien, beleefd, als moeder. Ze was mijn vrouw, mijn lief, mijn hart, maar nooit mijn moeder. Maar nu mijn zoons haar zo ten voeten uit beschreven, zag ik haar als met een stralenkrans rond haar hoofd. Wat een moeder is ze geweest!

Ik dacht aan al die keren dat ze met eindeloos geduld het huiswerk met onze kinderen doornam. Altijd nam ze het voor hen op als ik zei dat ze best in de regen naar school konden fietsen, zij vond dat ik ze toch maar even met de auto moest brengen. Trouw bezocht ze de sportwedstrijden van onze kinderen, enthousiast schilderde ze een spandoek voor Wouter, onze jongste zoon, toen hij een kampioenswedstrijd voor de voetbalclub uit ons dorp speelde. Bezorgd was ze als de kinderen ziek waren, altijd wilde ze thuis zijn als ze uit school kwamen. Ze speelde spelletjes met ze, ze was zelf gek op spelletjes. Van kaarten tot sjoelen, van schaken tot Monopoly. Ondernemend was ze ook, altijd had ze zin om naar de film te gaan, naar musea, naar voorstellingen. Hartstikke trots was ze als de jongens goede cijfers op school haalden. Ze hielp mee bij het schilderen van hun kamer toen ze gingen studeren. Nooit was haar iets te veel.

En al die tijd was ze liefdevol, zorgzaam, onweerstaanbaar grappig en – vooruit, toegegeven – af en toe ook flink chagrijnig. Maar nooit ging het bij haar om haarzelf, altijd om haar zoons en, jawel, om mij. Voor mij was dat indertijd vanzelfsprekend, te vanzelfsprekend, weet ik nu – ik heb dat toen veel te weinig beseft. We leefden ons leven, we gingen door, we moesten door, maar soms, heel even, keken we naar boven en zagen we de sterren, keken we in de zwarte duisternis ertussen en huiverden we om het onbekende, de ruimte tussen dood en verlangen, de hunkering naar geluk die we terugvonden in elkaars ogen.

Natuurlijk hebben mijn jongens het nooit over het donkere fluweel van haar ogen, haar zachte volmaakte borsten, haar aanlokkelijke lichaam. Dat is en was aan mij, als ik met haar samen was, vanaf het moment dat ik haar voor het eerst beroerde, voor het eerst met trillende handen haar huid probeerde te strelen, toen ik voor het eerst een kus van haar stal. Nog voel ik de koelte van haar lippen, zie ik mezelf erna hard wegrijden op mijn fiets. Vijftien jaar was ik toen, niet wetend dat ze ooit mijn vrouw zou worden en dat we samen zo'n lange weg zouden afleggen. Een weg die nu zo onverwacht en zo machteloos makend is afgesloten. Greetje werd heel erg ziek. Longkanker. In nog geen vijf weken werd ze van binnen uitgewoond, verwoest. Al dat mooie, al dat zachte, al dat beminnelijke, al dat aanlokkelijke werd verkruimeld. Toen ze gestorven was werd ze uit ons huis weggedragen, in een lijkwagen geschoven en in een trage namaakpas uitgeleide gedaan uit het leven. Ik stond erbij en keek alles perplex en lamgeslagen aan.

Inmiddels ben ik maanden verder en nog steeds niet in staat enige orde in mijn gedachten te scheppen. Op de meest onverwachte momenten word ik in een zinkgat getrokken. Alleen met grote moeite kan ik me daaruit optrekken. Het zijn mijn kinderen, kleinkinderen, familie, vrienden, collega's maar zeker ook de taal die me naar boven halen, en de muziek. Wat er is gebeurd, is bepalend voor de keuzes in dit boek.

Huis Van Fluweel van Kommil Foo had ik al eerder op mijn radar. Sinds *Het Is Over,* geschreven door Annie M.G. Schmidt en Harry Bannink in 1965 voor de musical *Heerlijk Duurt Het Langst* (zie *De Standaards van Spits I*), is er geen mooier lied in de Nederlandse taal geschreven. Het is een moederlied. Daarom is het, móet het in deze Nieuwe Standaards worden opgenomen. Als eerbetoon aan mijn moeder, als ode aan mijn overleden vrouw, misschien wel als voetstuk voor alle moeders van deze wereld. Maar ook als ode aan mijn kinderen, die mij leerden door hun ogen te kijken, want *Huis van Fluweel* verhaalt van een kind dat terugdenkt aan het huis waarin hij is opgegroeid. We zien door zijn ogen zijn moeder:

Waar mijn moeder voor de spiegel stond
Een lint in haar haren bond.

We lopen mee met de man die zijn geboortehuis terugziet:

Ik loop het tuinpad op
De rozenstruiken in de kant
Lang geleden door mijn vader geplant
Ik zie het mos op de pannen
De schoorsteen blaker-zwart
Ik zie mijn eigen toekomstplannen
Ze staan nog steeds geschilderd op de ramen
Alle namen van de meisjes van toen
En ook de dingen die we samen gingen doen
En ik weet
Nu plots besef ik
Het was altijd daar
Diep van binnen als een verborgen juweel
Het oude huis van fluweel.

Huis van Fluweel is een rondleiding door het huis van vroeger. Niet alleen krijgen we een beeld van de moeder, maar ook van de vader. Het zijn de woorden van een dankbaar kind dat vertelt dat daar in feite alles is begonnen. Waarmee hij wil zeggen dat het leven dat hij nu leidt in belangrijke mate is bepaald door zijn opvoeding en door dat huis van fluweel waarin hij, zo beseft hij drommels goed, onbeschrijflijk gelukkig is geweest.

Kommil Foo, de naam ontleenden ze aan het Franse *comme il faut*, wordt in Nederland door de kleinkunstkenners hoog gewaardeerd, helaas is het de broers, geboren in het Vlaamse Essen, nooit gelukt om in ons land echt door te breken. Toch hebben ze naast *Huis van Fluweel* al heel wat moois gemaakt. Een van hun allerbekendste liedjes is *Ruimtevaarder,* dat in de Lage Landen Lijst van 2018, een lijst met de beste Nederlandstalige liedjes van Nederland en België, de eerste plaats bereikte. Niet alleen tekstueel maar ook muzikaal is *Huis van Fluweel*, te vinden op het album *Liefde Zonder Meer* (2017), een klein wereldwonder. Kommil Foo wordt begeleid door goed op elkaar afgestemde muzikanten, aangevoerd door pianist Alana Gruarin en tevens de producer, maar ook bandoneon- en accordeonspeler Gewen Cresens mag er zijn. Dit tweetal bepaalt de sfeer, waardoor het lijkt alsof er een zachte wind om het huis waait, waarbij in een speciale belichting de bakstenen van het huis zacht worden. En dan is er nog gitarist Bruno de Groote, die dit kleinkunstlied transformeert tot een popsong. *Huis van Fluweel* is als een tempel waarin alle ruimte wordt geboden aan een eredienst voor alle moeders van de wereld. Voor mijn moeder. Voor de moeder van mijn kinderen.

3

Zelfs Nu Je Zwijgt

Veldhuis en Kemper

Het is een stroom, ik zei het u al. Ik klamp me vast aan de muziek die ik tegenkom. Ik probeer mee te gaan in de vaart die ik niet kan, maar ook niet wil bepalen. Het zijn de woorden en de melodieën die op een of andere manier samenwerken en de stroom laten versnellen of vertragen, die het water laten kolken of laten stilvallen. De muziek is mijn houtvlot.

Ik laat me meevoeren door de pianoklanken die *Zelfs Nu Je Zwijgt* van Veldhuis en Kemper inleiden. Het liedje brengt me terug naar 15 februari 2018. Greetje en ik bezochten in 't Spant in Bussum het negende theaterprogramma van Veldhuis en Kemper: *Geloof Ons Nou Maar.* Het zou de laatste voorstelling zijn die we samen bijwoonden en wat ik me ervan herinner, behalve het uitstekende programma, is wat Remco Veldhuis na de voorstelling tegen Greetje zei: 'Je klinkt heel hees. Dat moet je serieus nemen'.

'Dat zal ik doen,' zei Greetje tot mijn stomme verbazing. Ik wist niet wat ik hoorde, meestal lachte ze zo'n goedbedoeld advies weg.

Later dat jaar, Greetje was al overleden, vroeg ik Remco tijdens de uitreiking van de VSCD-Cabaretprijzen in Rotterdam waarom hij dat tegen haar gezegd had. 'Mijn eigen vader heeft bijna hetzelfde gehad,' zei hij. 'Zijn longen waren op.'

Zelfs nu je zwijgt
hoor ik je nog

Ik zou willen dat het waar was, maar dat is niet zo. Het kost me de grootste moeite om de klank van Greetjes stem op te roepen. Ik vond haar stem mooi. Zacht en warm. In het begin van mijn carrière heb ik haar een keer gevraagd een tekst in te spreken. Dat lukte niet. Niet omdat ze dat niet kon, vooral omdat ze het niet wilde, niet echt. Ze hield er niet van om op de voorgrond te treden, tevreden als ze was met een plekje achter de schermen.

Gevoel voor taal had ze altijd al. Ze sprak fout- en accentloos Nederlands. Soms sloop er wel eens een Brabandisme in, dan sprak ze van 'ons moeder', maar Brabantser dan dat werd het nooit. Haar hoogontwikkelde taalgevoel is evenwel op de middelbare school nooit opgemerkt. Integendeel. Ik zat bij haar in de klas toen de leraar Nederlands een opstel van haar ten overstaan van al haar klasgenoten belachelijk maakte. Sindsdien heeft ze nooit meer een pen op papier durven zetten. Ik kan daar nog kwaad om worden. Leraren moeten zich ervan bewust zijn dat de ziel van een leerling kwetsbaar is. Die is net als porselein, die breekt zo. Als je daar geen oog voor hebt, heb je voor de klas niets te zoeken. Dat wil niet zeggen dat Greetje daar later erg onder gebukt ging. Ze had een blijmoedig karakter en ze kon verdraaid goed leren. Op de lagere school zat ze bij rekenen vooraan, ze lag toen zo'n zeven rekenboekjes voor op haar klasgenoten.

Toch ging ze niet studeren. Ze koos voor de pabo, die toen nog de kweekschool heette, en die opleiding rondde ze in twee jaar af. Misschien wel omdat ze hunkerde naar zelfstandigheid. Ze werd onderwijzeres in Schiedam en zat op kamers in Maassluis. Ver van mij vandaan, helaas.

Zelfs nu je zweeft
voel ik je nog

Gelovig ben ik niet. Ik kreeg van een goede vriend het boek *Een Ongewoon Gesprek Met God* van Neale Donald Walsh. Vooral de subtitel, *Het Boek Dat Je Leven Zal Veranderen,* bracht me in verwarring. Hij gaf me het boek natuurlijk in de hoop dat ik er troost uit zou putten. Het was lief bedoeld. Eerder had hij al eens gezegd dat ik bereid moest zijn om een luikje open te zetten, dan zou ik Greetje als vanzelf weer tegenkomen.

Maar nu de tijd de afstand tussen mij en Greetje alsmaar groter maakt, weet ik niet zo zeker of die luikjes er wel zijn. Wat ik wel zeker weet is dat ze hartstikke dood is. Haar as bewaar ik thuis in een fraai vormgegeven urn, maar ik ben er inmiddels van overtuigd dat ik niet zal meemaken dat haar geest uit die pot tevoorschijn zal komen. Wat ik waarneem, wat ik voel, is leegte. Zo onvoorstelbaar groot en leeg dat alleen al het idee van dat onmetelijke niets me verstikt, me af en toe terugwerpt naar een staat van wezenloosheid.

Bovendien wil ik niet dat mijn leven verandert door gesprekken met een God die zich als almacht presenteert. Met alle respect voor ieders geloof, maar ik kan mijn eigen opvattingen nu eenmaal niet inruilen voor onbewezen stellingen die me van bovenaf worden opgelegd. Ik heb dan het gevoel dat ik verweek en dat mijn eigen mening er niet meer toe doet. Er is geen god. Althans, ik zou niet weten waar of hoe. We hebben hem met z'n allen bedacht. Dat begrijp ik weer heel goed. Hij is er als verklaring voor wat zich niet laat verklaren: de ruimte achter de dood, de kracht van de natuur, de groei van mensen, dieren, bomen en planten. We weten íets, maar feitelijk vrijwel niets. Dus is het logisch dat de mens in zijn drang om alles te beredeneren op zoek gaat naar verklaringen, verhalen weeft om een soort balans te creëren waarmee we verder kunnen leven. Als het toeval, en daar ga ik vanuit, richtsnoer is, vermoed ik dat chaos het eindstation zal zijn. Natuurlijk wil ik zo lang mogelijk zelf de regie voeren, toch komt er een moment, dat besef ik maar al te goed, dat ik die kwijtraak. Door krachten die sterker zijn dan ik. Het is me bij de ziekte van Greetje overkomen, er viel niets meer te regisseren. Al wat ik nog doen kon was, daar waar ik nog enige inbreng had, de zaken in goede banen leiden. Haar verzorging, de gesprekken met mijn kinderen. In haar lijf heerste de kanker en die verwoestte alles wat hij tegenkwam. Van binnen moet het een chaos zijn geweest. Geworden. Het is zoals het gaat, het leven eindigt met de dood. Ik zoek daar geen verklaringen voor, ik accepteer dat het zo is.

Greetje leeft niet zwevend in mij voort, wat er is gebleven zijn de herinneringen aan haar. Het zijn er vele en die zijn, meestal, aangenaam. Heus, ons huwelijk kende ook dieptepunten, we raakten weleens van elkaar verwijderd, maar de liefde is altijd gebleven. Vooral dát. Haar leven, haar karakter heeft een enorme invloed op mij gehad en dat is nog steeds zo. Dat voelt dierbaar.

Zelfs nu ik niets
meer aan je vraag
antwoord je toch

Het is wonderlijk, maar zo gaat het. Als de kinderen nu iets vragen, of als er iets gebeurt in hun leven wat van belang is, vraag ik in stilte haar advies. Het is dan net alsof ze reageert. Niet daadwerkelijk, ik zal haar stem nooit meer horen, maar via haar denkwijze, die ik koester, die ik snapte en die blijkbaar in mij is neergedaald. Wel geef ik nu, vrees ik, andere adviezen dan toen ze nog leefde. Voorheen dacht ik altijd dat ik alles beter wist, inmiddels weet ik beter. Haar kijk op het leven, haar inzicht in mensen, die probeer ik vast te houden. Dus, jawel, als ik haar nu iets vraag, krijg ik antwoord.

Zelfs nu het lijkt
dat je niet meer naar me kijkt
zie je me nog

Dat is raar, natuurlijk. Ik weet dat ze me niet meer kan zien, toch is het zo dat ik me af en toe voorstel, of probeer voor te stellen, dat ze me ziet. Als ik over de hei fiets of als ik alleen in de auto zit, en vooral als ik met de auto onder het ecoduct bij Laren rij. Daar zijn ledlampen ingebouwd die steeds van kleur veranderen. Wij probeerden dan samen te raden welke kleuren we te zien zouden krijgen als we eronderdoor reden. Een fijn spelletje waarbij we onze verklaringen zo listig in elkaar staken dat we allebei ons gelijk haalden. De kleuren van het ecoduct lichten nu nog altijd op. Ik doe dan net alsof ze nog naast me zit.

Ook als ik thuiskom, weet dat ze er niet meer is, hoor ik mezelf soms tegen beter weten in roepen: 'Dag schat, ik ben er weer.'

Toen ze net was overleden liet ik briefjes voor haar achter. Uit een soort onmacht. Natuurlijk wist ik dat zij ze niet zou lezen, maar ik zette eenvoudig een gewoonte voort. Greetje kreeg al jaren iedere dag een briefje van me als ik naar mijn werk ging. Dat legde ik dan voor haar klaar op de eettafel. Na haar dood vond ik die briefjes terug, ze had ze allemaal bewaard.

Zelfs als ik huil
troost je me nog

zelfs na je dood
ben je er nog
zelfs nu ik niet meer hoop op jou
vind je me toch
zelfs nu ik leef
alsof ik hier niet achterbleef
mis ik je nog

Richard Kemper zit gebogen achter de piano. Zijn vingers beroeren razendsnel de toetsen, het is alsof ik het zwart en het wit zie opspatten. Een indrukwekkend programma hebben ze gemaakt. Over vriendschap. Over het leven. Over de dood. *Geloof Ons Nou Maar,* zo heet het. Het is onbegrijpelijk, onverteerbaar eigenlijk, dat dit tweetal nog steeds zo hun best moet doen om te bewijzen hoe goed ze zijn. Laat de namen Veldhuis (1973) en Kemper (1970) maar eens vallen in gezelschap, het eerste wat je te horen krijgt is: 'O, dat zijn die handige jongens die uit de reclamewereld komen.' Daar is niet tegenop te boksen, dat zal voor eeuwig aan hun kleven. Volkomen onterecht. Alleen al op basis van hun liedjes kun je vaststellen dat ze tot de absolute kleinkunsttop in Nederland behoren. Veel cabaretiers mochten willen dat ze zo goed zouden kunnen zingen als die twee en, misschien nog wel belangrijker, zulke goede welluidende muziek zouden kunnen schrijven. *Zelfs Nu Je Zwijgt* is adembenemend en beklemmend tegelijk, een ander lied uit diezelfde show, *Geloof Ons Nou Maar,* is minstens zo goed. Het heet *Mijn Hart Is Groot Genoeg*. Een liedje dat je een kroeg binnenlokt, dat existentieel is. Ze bezingen waar het in dit leven om gaat: dat je voor elkaar klaar moet staan. De dag van vandaag is waarom het gaat, morgen kun je wel dood zijn en dan is het te laat.

Mijn hart is groot genoeg
Kom er maar bij
Voor iedereen
Die mij ooit heeft geraakt
Is hier een kamer vrij
Dat konden ogen zijn
Een grap, een zin, hoe zij iets vroeg
Want in een hart dat openstaat
Is altijd plek genoeg

(...)
Maar ineens ben je dood
Een hart is nooit te groot

Een luikje heb ik helaas niet, maar wel mijn verbeelding. Ik zie een kroeg voor me.

'Wat wil je drinken, schat?'

'Doe maar een pilsje, daar heb ik wel zin in.'

'Wat vond je van het programma?'

'Ik vind dat die jongens heel goed kunnen zingen. Ik werd er vrolijk van en ze hebben ook echt iets te zeggen, over het leven en over vriendschap. Ik weet dat ze een jaar uit elkaar zijn geweest. Dat Remco het programma *Lang Verhaal Kort* heeft gemaakt en dat Richard zich in die tijd toelegde op het schrijven van het script voor de film *Huisvrouwen Bestaan Niet*. Ik heb ook enorm gelachen om hoe Richard de deelname van Remco aan *The Passion* fileerde.'

'Dat deed Remco anders verrekte goed.'

'Daar gaat het natuurlijk niet om. De uitbarsting gaf goed weer hoe een vriend naar zoiets kan kijken. Ik vond het wel een verademing dat ze, anders dan vorige keren, in dit programma vaak letterlijk tegenover elkaar stonden. Dat maakte het spannender. Trouwens, toen Remco Thomas

Acda imiteerde moest ik mijn best doen om een slappe lach binnen te houden.'

'Ja, daar heb je wel vaker last van. Weet je nog dat je bij een film van Louis de Funès de zaal uit moest lopen omdat je niet meer bijkwam van het lachen?'

Ik keek in het fluweel van haar ogen, waarin het zachte licht van het café werd weerspiegeld. 'Ja, dat weet ik nog wel, maar dit is toch anders. Bij De Funès ging het altijd om de grappen, maar bij Veldhuis en Kemper zijn er ook de liedjes nog. Dan verandert de toon. Dan klinken ze ernstiger, weemoediger vaak. Daarin blinken ze echt uit, Frits. Hun stemmen zijn een twee-eenheid. Ze zijn als twee kleuren van dezelfde regenboog. De teksten zijn niet alleen poëtisch, maar ook toegankelijk. En muzikaal gezien vormen ze een klasse apart.'

'Wat vind je trouwens van die zin: Mijn hart is groot genoeg, kom er maar bij?'

'Daar hebben ze natuurlijk gelijk in. Zo is het toch. Stel je hart open, daarmee geef je een ander een idee dat hij of zij ertoe doet. Zo probeer ik zelf ook in het leven te staan. Die zin, "morgen kan het zomaar klaar zijn", krijg ik nu al uren niet uit mijn hoofd.'

Ik schrik van wat ze zegt en kijk opnieuw in haar ogen, die nu lijken te verdonkeren, haar blik glijdt een beetje van me weg. Om haar lippen een zweem van een wezenloze glimlach.

4

Stefan en Lisette

Spinvis

Spinvis (Erik de Jong, 1961) is meer dan alleen muzikant, hij is ook dichter of, laat ik het zo zeggen, hij schrijft poëtische liedjes waarbij in muziek en tekst een verleden doorklinkt. Een voorbije tijd die hij tot leven wekt door, bijvoorbeeld, het gevoel van de muziek uit de jaren zestig op te roepen. Bovendien lijkt hij, zoals hij klinkt, een kind van de Summer of Love. Hij is dus te laat geboren en daar moeten we blij om zijn, hij overbrugt de afstand tussen toen en nu.

In 2017 bracht hij het album *Trein Vuur Dageraad* uit. Die woorden kwamen zomaar in hem op. Van zijn vader, die wiskundige was, had hij geleerd dat twee punten altijd worden verbonden door een rechte lijn. Dat is niet heel spannend. Maar als je een derde punt toevoegt, zei zijn vader, ja, dan gaat die lijn een andere kant op. Dan wordt hij speelser en ook onvoorspelbaarder. Zo werkt het ook met taal, ontdekte Spinvis. De drie woorden die hem te binnen schoten vormden opeens een trits. Ze waren onlosmakelijk verbonden en er zat zelfs muziek in: één lettergreep, nog een lettergreep en dan drie lettergrepen. Tom, tom, tom-tom-tom. Er is ritme, er is een melodielijn. *Trein Vuur Dageraad* is als de naam die je je kind geeft. Een logische keuze. Alsof hij er altijd al is geweest.

Het is een wonderlijk fantasievol album, zoals ik dat van Spinvis gewend ben. Zijn zachte stem spint me in, als luisteraar voel ik me als een vis in zijn water. Zijn teksten zijn net oude foto's:

Gaan we weer gewoon naar Artis
dingen zijn daar nooit voorbij
En alles is een beetje jij
En alles is een beetje jij

Spinvis zingt in *Artis* over het gevoel dat me nu al een jaar lang bijna elke dag overvalt. Dan is het alsof er in mijn leven niets is veranderd, dat ik naar een decor staar waarin alles tot stilstand is gekomen. Zo kijk ik nu naar de wereld, naar de natuur, naar de dingen om me heen. Alles lijkt zoals het was. Er gaat geen dag voorbij dat ik dat niet zo ervaar.

Trein Vuur Dageraad laat me dwalen naar *Nachtwinkel,* waarin de Vlaamse celliste Saartje van Camp (1980), met wie Spinvis veel samenwerkt, aan het woord is:

In mijn kleine zon
zie ik alles wat gaat
En alles wat blijft

De zinnen spreken voor zich, zoals het hele album dat doet. Alsof het mij toespreekt. Onzin natuurlijk, maar zo ervaar ik het. Of ik nu het *Dageraadplein* oploop of in *Alles Is* stuit op de woorden:

Alleen de liefde blijft
Dat is alles wat er is

En dan is er nog *Stefan en Lisette*. Dromerige toetsen laten me kennismaken met het tweetal. Hun levensverhaal kent ijkpunten.

Alles wat ik weet
Zoals hij haar dan soms lachen deed
Kon niemand iemand anders ooit
Want ze begrepen elkaar
Ze deelden elkaar
Wij keken ernaar

Spinvis heeft met het nummer *Stefan en Lisette* een roman geschreven. Binnen een tijdsbestek van iets meer dan zeven minuten vertelt hij over hun leven, hun liefde en hun dood. De kern ervan is het verbond dat het stel stilzwijgend heeft gesloten. Ze vormden ooit een twee-eenheid waarop de verteller-zanger geen grip kreeg. Hij zag het aan, verwonderde zich erover met zijn vrienden maar begreep niets van hun liefde. Dat hoeft natuurlijk ook niet. Zo was de verhouding tussen Greetje en mij ook. We lieten eigenlijk maar heel weinig mensen toe binnen onze eigen kring. We schermden onze wereld heel graag af. Daarbinnen waren we gelukkig, maakten we ruzie, vochten we, vreeën we. Als anderen zich met ons bemoeiden, konden we dat niet goed hebben. Er kwamen weleens protesten: dat we te veel op onszelf zouden zijn, dat we anderen niet zouden toelaten. Dat zou kunnen, we deden het niet met opzet, het ging gewoon zo.

Is het niet zo dat tussen geliefden per definitie een verbond ontstaat? Niet alleen omdat ze van elkaar houden, ook omdat ze hun eigen codes ontwikkelen, in een taal die alleen zij begrijpen. Anderen luisteren ernaar, kijken toe, hebben er een mening over, maar slagen er nooit in de codes te kraken. Echte liefde bevindt zich onder een stolp. Eronder is maar plaats voor twee.

Met name die unieke existentie benadrukt Spinvis in zijn verhaal over Stefan en Lisette. Hij beschrijft het stille veld waar hij met vrienden, 'mager als het morgenlicht', samenkomt. Ze zijn nog jong, ze hoeven nog niks, de wereld is als een verre ster, er is nog geen besef van tijd. Tijd is iets reusachtigs, en er is veel van:

Hadden we alle tijd
Vergaten alle tijd
Alle tijd

Die woorden lieten me wegdromen terwijl ik luisterde naar het verhaal over Stefan en Lisette. Ik schrok er eigenlijk van. Ineens was ik terug in de tijd toen ik nog op school zat, toen ik droomde over een toekomst die geen horizon kende, die nergens door werd begrensd. De wereld lag aan mijn voeten en aan oud worden, laat staan aan de dood, dacht ik geen moment. Alles was nog mogelijk. In mijn geest groeide het verlangen naar geluk, naar het onbekende, naar de liefde, die ik toen al van Greetje kreeg. De zon scheen altijd, er was vrijheid, er werd gedroomd. Over muziek en over radio. Over taal. Op een avond hoorde ik een jonge studente haar gedichten voorlezen. Ze had het over woorden die zich als druppels hechtten aan de lijnen van een notenbalk. Ik werd op slag verliefd op wat ze zei, op de stem die me bij kaarslicht betoverde. Dat wilde ik ook, wist ik toen. Toekomstplannen, er was tijd voor. Alle tijd:

Hadden we alle tijd
Vergaten alle tijd
Alle tijd

Ik lees verder in de roman van Spinvis. Stefan en Lisette hebben zich afgezonderd van hun vriendengroep. Stefan is een intellectueel die Marx citeert, Bukowski leest en een schrijver als Proust wil worden, zelfs al een boek zou hebben geschreven, muzikant is en een poosje ergens heeft gewerkt als journalist. Een dromer. Misschien wel een hemelbestormer. Maar ook lui, wellicht.

Lisette is meer zoekende, vlindert door het leven. Het lijkt alsof ze de ene na de andere man verslijt. Ze gaat weg bij Stefan en, jaren later, alsof er geen tijd is verstreken, komt ze weer bij hem terug. Het verbond dat blijkbaar was verbroken wordt hersteld. Hun vrienden snappen niet waarom ze weer bij elkaar zijn, net zomin als ze, misschien, nooit hebben begrepen waarom het verbond werd verbroken.

Hij had een kerstpakket
Zij had zijn kleren aan

Hun leven, hun echte leven, onttrekt zich aan de waarneming van de zanger. Aan die van hun vrienden. Alleen Stefan en Lisette weten hoe het zit, waarom ze zich tot elkaar aangetrokken voelen, waarom ze elkaar leuk vinden. Het is natuurlijk niet toevallig dat ze zijn kleren draagt, daarmee geeft ze te kennen dat ze bij hem hoort en hij bij haar. Dat hij een kerstpakket heeft ontvangen, is veelzeggend: het heeft er alles van weg dat hij zich heeft moeten aanpassen aan de maatschappij, maar daar onmogelijk – hij koesterde de dromen van een kunstenaar – gelukkig mee kan zijn.

De zanger is een buitenstaander, hij tuurt door de wasem binnen de stolp. Hij kan alleen maar vertellen wat hij ziet en hoort:

Ze zaten in de auto van zijn broer
Het had geregend
of waarschijnlijk iets dan op de weg
maar Stefan remde niet
Dat is wat de buurman zegt

Ik weet het niet helemaal zeker, maar ik denk dat Stefan en Lisette er uiteindelijk voor kozen om een eind aan hun leven te maken. Samen. Met elkaar. In een auto. Waarom? Misschien omdat ze er geen van beiden in waren geslaagd zich aan te passen. Dat ze dat niet hebben kunnen verkroppen en toen tegen elkaar hebben gezegd: 'We stappen eruit.'

Het doet me een beetje denken aan het slot van de Poolse film *Cold War* (2018), waarin twee geliefden, na een leven waarin hun liefde in een gepolitiseerde wereld kansloos blijkt te zijn, besluiten een eind aan hun leven te maken. Ook zij hadden een verbond, ook hun liefde was exclusief van hen en voor anderen niet te begrijpen. Als zo'n liefde zich niet kan ontwikkelen, dan is de dood de uiterste consequentie van het gesloten verbond.

De liefde tussen twee mensen is voor een buitenstaander vaak niet te begrijpen. Zo stelt Spinvis het, ik vind dat hij gelijk heeft.

Tot slot nodigt de titelsong *Trein Vuur Dageraad* me op fluistertoon uit: 'Kom eens bij me zitten, in de trein die in de nacht door Europa rijdt.'

Tussen liefde aan de linkerkant
En rechts de eeuwigheid
En in ieder land een vaderland
een overkant
En jij bent de trein
Het vuur
De dageraad
Wie je worden gaat
Wie je vroeger bent geweest

Het is alsof ik weggedragen wordt uit het leven en starend in de eeuwigheid dingen zie die ik nooit voor mogelijk heb gehouden.

5

Voor Alles

Wende

In februari 2018 maakten we voor NPO Radio 1 in plaats van *De Taalstaat*, dat verviel vanwege de Olympische Spelen in Peyeongchang in Zuid-Korea, drie podcasts. Daarin lieten we de schrijfsters Sylvia Witteman, Jessica Durlacher en componist-zanger Henny Vrienten vertellen over hun favoriete boeken, gedichten, Nederlandstalige liedjes en sprekers. Het werden memorabele gesprekken. Ik weet nog dat Greetje – ze leek toen nog slechts een griepje te hebben – in haar geelgebloemde kamerjas, op mijn werkkamer, met een koptelefoon op haar nog altijd zwarte krullen, luisterde naar de podcast met Sylvia Witteman. Die anderhalf uur heeft ze helemaal uitgeluisterd. 'Mooi', zei ze erna. 'Aparte, leuke vrouw, die Sylvia.' Haar geduld om die hele verdraaide podcast uit te luisteren ontroerde me. Het was nogal een zit. Zeker voor iemand die zich niet lekker voelde.

Het daaropvolgende gesprek, met Jessica Durlacher, heeft ze niet gehoord. Daar had ze de puf niet meer voor. Uiteraard vertelde ik haar wel dat ook dat geslaagd was. Ik zei dat Jessica mij had gewezen op het liedje *Voor Alles* van Wende Snijders, die zich tegenwoordig Wende noemt. Ze had het haar horen zingen op een avond die gewijd was aan de toen net overleden schrijver Joost Zwagerman. Van hem was de tekst. Greetje heeft het liedje nog wel gehoord, eerlijk gezegd weet ik niet meer wat ze ervan vond.

Voor Alles, voor mij is het een kunstwerk. Vooral vanwege de tekst, maar ook door de enorme gedrevenheid waarmee Wende het zingt. Het lijkt wel alsof ze elk woord in *Voor Alles* beeldhouwt. Zo heb ik het haar 21 april 2019 horen zingen in haar programma *Mens* in Carré. Gekleed in een zwarte korte jurk die los om haar frêle lichaam hing, in een uitgekiende voortijdse belichting, begeleid door de dreigende ritmes van de muzikale alleskunners Yan (Jan van Eerd, 1972) en LudoWic (Thijs Lodewijk, 1973), zorgde ze er met haar vulkanische optreden voor dat de angst voelbaar onder mijn huid begon te gloeien.

Joost Zwagerman maakte op 8 september 2015 een eind aan zijn leven. In de documentaire die journalist Coen Verbraak over hem maakte overheersen de angsten die Zwagerman folterden, naast zijn obsessie voor de dood.

Zwagerman kende ik persoonlijk. Toen ik hem in 1989 voor het eerst interviewde in het tv-programma *Nieuwsspits*, had ik van hem alleen *Gimmick!* gelezen. Dat boek vond ik opwindend en vernieuwend. We hielden contact en hij vroeg mij in 1997 om het eerste exemplaar in ontvangst te nemen van zijn roman *Chaos en Rumoer*, een pastiche op de cultuurprogramma's van Hilversum. Uit dat boek herinner ik me het woord 'anlesen', waarmee Zwagerman redacteuren op de hak nam die van een nieuw boek alleen het eerste hoofdstuk lezen, om vervolgens met veel aplomb vragen over het hele boek te stellen. Ik vond dat element in de roman hilarisch, omdat ik wist dat het vaak zo gaat. Maar dat hij zo somber was hoorde ik pas later. De reden daarvan was in belangrijke mate de poging tot zelfdoding die zijn vader had ondernomen. Nu wil het toeval dat ik ook zijn vader, Jaap Zwagerman (overleden in 2016), heb gekend. Hij leverde vele geestige bijdragen aan de Tweespraak in mijn radioprogramma *Tijd voor Twee*. Nooit heb ik ook maar vermoed dat die man zo depressief kon zijn. Toen ik dat allemaal hoorde kon ik die sombere kant van zijn vader en die van Joost zelf niet in mijn denkraam plaatsen. Vooral niet omdat ik hem meer dan eens vrolijk en bevlogen over kunst hoorde praten in DWDD, of als ik zijn stukken las over bijvoorbeeld poëzie en pop. Ik bewonderde Joost Zwagerman zeer, bovendien vond ik het een sympathieke man. Toen mijn eerste boek, *Zestig Strepen*, het licht zag, kreeg ik een aardig mailtje van hem. Met hem ging het dus mis. Mensen die hem veel beter kenden dan ik, die zijn poëzie ook zorgvuldiger hadden gelezen, waren niet of nauwelijks verbaasd. Ik wel.

Voor alles staat in de bundel *Voor Alles* (2014). Zwagerman had de tekst naar Wende Snijders gemaild met de vraag of zij daar misschien muziek bij wilde verzinnen. Pas na zijn dood herinnerde Wende zich dat mailtje en ging ermee aan de slag. Het resultaat maakte Jessica Durlacher stil. Ze zei erover in de podcast: 'Joost. Een heel dierbare vriend van mij (...) Ik vond het zo ongelooflijk mooi. Ik vond het zo dramatisch. Alle dingen die erin staan. Waarover ze zingt. Dat waren ook de dingen waar Joost zo bang voor was. Waar we allemaal wel bang voor zouden kunnen zijn. Maar hij is erin doorgegaan. Dat maakt het zo dramatisch.'

> ...voor
> doodgaan en voor alle doden
> (...)
> Voor dood-zijn misschien iets minder

De dood is wellicht een onderwerp waarvan iedereen zegt: daar ben ik bang voor. Maar alle andere Joost-woorden die Wende uitstoot, zijn toch vooral de angsten van Joost Zwagerman zelf:

Voor de ontijd van mijn ouders, toen vanaf kansels
en in kazuifels men met hel en nauwe poorten dreigde

Dat gaat, denk ik, over het huwelijk van zijn ouders dat na bijna veertig jaar, zoals hij in zijn laatste interview zei, verdampte. Een scheiding werd niet geaccepteerd door de kerk.

De angsten van Joost Zwagerman waren persoonlijke angsten – eigenlijk waren het er te veel voor één mens. Als je ze allemaal op een rijtje zet, zoals hij gedaan heeft, zoals Wende ze gezongen heeft, dan begrijp je beter waarom er in dat met woordkunst volgeladen hoofd van hem kortsluiting ontstond.

Dat gedicht, die woorduitbarsting, het geweld waarmee de angsten over ons worden uitgestort, alles bijeen geeft inzicht in het zielenleven van Joost Zwagerman.

Hij begint zijn gedicht *Voor Alles* met:

Voor te veel mensen in een lift of streekbus
of gewoon een kamer

Dat betekent dat de man die ik op het Boekenbal feestend tegenkwam en die zich in mijn ogen jaloersmakend gemakkelijk bewoog in de schrijverswereld, bang was in grote gezelschappen. Toen ik de woorden voor het eerst hoorde – *voor te veel mensen* – besefte ik dat je eigenlijk niets weet van wat er in de ander werkelijk leeft, ook al denk je hem te kennen. Ook niet als die ander zegt bang te zijn:

Voor je eigen brein, een stuk of wat insecten,
vrouwen, hun stemmingen en stemmen, voor
kokend water, vliezen, scharen, ademhaling

Het hele gedicht, het hele tot lied omgesmede gedicht, is een litanie van angsten, van neuroses, van trauma's wellicht. Het waren de angsten van Joost Zwagerman. Hoe komt het dan dat het liedje míj zo aanvliegt? Ik hoef toch niet bang te zijn voor andermans angsten? Misschien komt het omdat ik heel goed weet dat in mij ook angsten leven, angsten waarvan ik tot nu toe niet de moed heb gehad ze op papier te zetten. Ook ik ben bang geweest:

Voor de tekening van ratten
in het gehate boek
Voor verhalen die ik hoorde
aan de tafel in de keuken
Voor klasgenoten die me
te klein voor alles vonden
Voor meisjes die nog niet
naar me kijken wilden
Voor gelach om mijn
bewondering voor Cliff
Voor de schreeuwers van
het corps
Voor de recensies die
me afserveerden

Daarbij weet ik dat ik, anders dan Joost Zwagerman, niet de moed heb mijn angsten met de wereld te delen. Dat is misschien ook de reden waarom ik nooit een echte schrijver zal worden, gewoon, omdat ik het lef niet heb.

Greetje moet ook bang zijn geweest. Over de dood wilde ze nooit met me praten. 'Dat zien we tegen die tijd wel,' zei ze dan. Ook toen duidelijk werd dat ze niet beter zou worden, leek ze het woord angst weg te duwen.

Voor Greetje zou ik ook andere angsten invullen. Minder

in aantal, minder heftig ook. Dat neemt niet weg dat juist dat liedje – in de periode dat Greetje ziek was en kort daarop overleed – zo duivels hard bij me binnenkwam:

Voor alles altijd bang geweest
Ook in tijden waar je alles
op de vingers van één hand
Voor alles altijd bang geweest,
maar niet voor jou,
nee, niet voor jou

Angsten zijn er altijd. Maar in tijden van voorspoed, euforie en geluk krijgen ze geen kans, leiden ze een sluimerend bestaan. Voor alles bang geweest, zingt Wende, schreef Joost, maar niet voor jou. Het is raadselachtig wie met 'jou' wordt bedoeld.

Ik hoop dat als ik Greetje die tekst nu zou kunnen laten horen, ze zou zeggen: voor jou, Frits, ben ik nooit bang geweest. Jou heb ik altijd vertrouwd. Zoals ik dat omgekeerd ook tegen haar zou zeggen. Van Greetje ben ik nooit bang geweest. Alles wat ik zei en deed was veilig bij haar. Maar of Zwagerman hier een geliefde bedoelt of misschien wel de dood, ik zou het niet weten. Misschien moet dat ook maar zo blijven. Dan blijft de taal van Joost Zwagerman ons tenminste nog heel lang bezighouden.

6

Zeg Me Nog Eén Keer

Rob de Nijs

De beelden van de documentaire van popjournalist Leon Verdonschot over Rob de Nijs zet ik met de pauzetoets stil. Er zijn fragmenten in opgenomen van het jubileumconcert dat de zanger gaf op 5 januari 2018 in het Concertgebouw in Amsterdam. Greetje en ik waren er ook bij.

Ik schuif het pijltje op de tijdlijn op mijn beeldscherm terug, en weer vooruit. Terug. Vooruit. Zet het beeld weer stil. Ik zie mensen genoeg in de zaal, soms heel duidelijk uitgelicht. Als de camera een totaalshot maakt worden ze vage, door het theaterlicht omfloerste bruine vlekken, dan krijgen ze iets Rembrandt-achtigs.

Greetje moet zich ergens tussen het vrolijk zingende publiek bevinden, maar ik zie haar niet, ik kan haar niet vinden. Voor de zoveelste keer schuif ik het pijltje terug, zet het beeld op pauze, maar hoe ingespannen ik ook kijk en zoek, ze blijft onzichtbaar. En dat terwijl ik weet dat ze er was, toen, met mij. Ze heeft meegezongen. Ze stond op om haar handen blauw te klappen voor Rob de Nijs. *Malle Babbe* kende ze uit haar hoofd, net als *Jan Klaassen de Trompetter*. Ze was er. Heus. Maar ik zie haar niet terug. Het maakt me intens verdrietig. Ik smeek het scherm bijna om haar te laten zien. Nu is het net alsof ze vóór haar dood al van de aardbodem is verdwenen.

Na het concert ging ik met Greetje naar de afterparty. Daar waren veel, zoals dat heet, Bekende Nederlanders. We spraken met Gerdi Verbeet en haar man Wim Meijer, met Jeroen Krabbé en zijn vrouw Herma en met Boudewijn de Groot en zijn levenspartner, Anja Bak. Geen vrouw die aardiger voor Greetje is geweest dan Anja. Daar zal ik haar altijd dankbaar voor blijven. Toen Anja mij voor de kerstdagen een kaartje stuurde om me sterkte te wensen tijdens die donkere dagen, schreef ze: 'Het zal moeilijk zijn zonder die leuke Greetje'. Dat 'leuk' deed me zo goed. Leuk was ze zeker.

Het was erg gezellig op het nafeestje van Rob de Nijs, de sfeer was goed en ik weet zeker dat Greetje er ook van heeft genoten. Te midden van al dat feestgewoel maakte de cameraploeg van Verdonschot sfeerbeelden voor de documentaire die hij de titel *Niet Voor Het Laatst* meegaf en die in december 2018 is uitgezonden.

Aanvankelijk wist ik niet goed wat ik van die documentaire moest denken. Ik herinner me dat de broer van Rob de Nijs erg veel spreektijd kreeg om te vertellen dat Rob vroeger heel lastig was. Aan Rob werd niet gevraagd hoe hij op die tijd terugkeek, het bleef daardoor een beetje onbevredigend. Maar toen ik *Niet Voor Het Laatst* voor de tweede keer bekeek en goed luisterde naar Belinda Meuldijk, de ex-vrouw van Rob en nog steeds zijn tekstschrijver, begreep ik dat Verdonschot wel degelijk was doorgedrongen tot de kern van de zanger.

Belinda zegt onder meer dat ze zich verplicht voelde onderdeel van zijn vak te worden, omdat ze hem anders niet zou kunnen 'hebben'. Ze stelt: 'Hij is wat hij doet. Die man leeft muziek. Die man is zijn eigen muziek. Bij de eerste scheiding had ik nummers geschreven waarin ik mijn eigen verdriet, dat wat hij mij had aangedaan had vastgelegd. Wat hij dan vervolgens ging zingen. Hij zong mijn pijn. Dat deed hij met zoveel gevoel dat ik dacht: godverdorie: als je het zo goed begrijpt, waarom heb je dat dan gedaan? Het is alsof dat professionele, het werk, soms buitengesloten is van ons gevoelsleven.'

Het grootste talent van Rob de Nijs is dat hij een tekst tot leven kan zingen. Daarvoor is volledig begrip van de inhoud belangrijk, maar dat is niet het enige, Rob de Nijs maakt wat hij zingt persoonlijk. Ook al is het hem niet zelf overkomen, wat hij zingt – hij heeft zelf nauwelijks teksten geschreven – hij is toch in staat de gevoelens die erbij horen over te brengen. Wat Belinda Meuldijk vaststelt is waar. Ik vraag me bij Rob de Nijs nooit af of het klopt wat hij zingt, ik geloof hem. Dat maakt hem zo bijzonder, zo'n bijzondere kunstenaar.

Op zijn album, dat ook *Niet Voor Het Laatst* heet en in het najaar van 2017 uitkwam, staat het liedje *Zeg Me Nog Eén Keer*, met tekst van Belinda Meuldijk. Nu heb ik er een hekel aan om voor u te bepalen of iets mooi is of niet, dat maakt u zelf wel uit, ik kan wel proberen toe te lichten waarom juist deze tekst zo goed illustreert wat Belinda beweert en die bovendien zo past bij het leven. In ieder geval bij dat van mij.

Voordat je weg waait
Voordat je 'later' zegt
Maar later wordt het nooit
Omdat je niet omdraait
En de weg terug, wind in je rug
Niet echt bestaat
Niet na vandaag...

Zeg me nog één keer
Hoeveel je hield van mij
Daarna vraag ik niets meer
Maar gaat vandaag voorbij

Het staat er echt, die ene zin: 'Zeg me nog één keer hoeveel je hield van mij'. Ik probeer me voor te stellen wat eraan vooraf is gegaan. Een man verlaat zijn vrouw, hij heeft genoeg van haar. Ze ziet hem vertrekken en roept hem na. Voordat-ie 'wegwaait' wil ze van hem weten of er wel ooit een moment is geweest is waarop hij oprecht van haar heeft gehouden. Alleen dan kan ze vrede hebben met zijn vertrek. Zo niet, dan is alles, beseft ze, vergeefs geweest. In dat geval heeft hij gespeeld dat hij van haar hield, heeft zij met een illusie geleefd. Dat is het ergste wat je je levenspartner kunt aandoen, duizend keer erger dan vreemdgaan, het is het ultieme verraad aan de liefde. Net doen alsof je van iemand houdt.

Het antwoord op haar wanhoopsvraag krijgen we in het liedje niet te horen. Alleen die steeds terugkomende zin: 'Zeg me nog een keer dat je van me hield'. Die slaat een gat in je hart.

Ik weet dat Belinda Meuldijk en Rob de Nijs uit elkaar zijn gegaan. Geen moment heb ik de roddelbladen willen lezen waarin hun huwelijksperikelen werden beschreven. Ik ben altijd van het principe uitgegaan dat zulke zaken mij niet aangaan en zo denk ik er nog steeds over. Maar als Belinda er teksten over schrijft en als Rob die nota bene zingt, dan, ja, dan wordt hij de woordvoerder van haar grote verdriet. Misschien is het een troost voor haar dat hij dat kan, dat hij, zoals zij dat zegt, over haar pijn kan zingen. Ik hoop het maar. Ze kunnen waar het hun vak betreft blijkbaar echt buiten hun eigen werkelijkheid treden, er afstand van nemen.

Eerlijk gezegd, ik zou dat niet kunnen. Zo'n leven heb ik met Greetje ook nooit gehad. Zesenveertig jaar zijn we getrouwd geweest. Allebei hebben we – ik wil hier eerlijk over zijn – weleens gedacht dat het maar afgelopen moest zijn. Dan begrepen we elkaar niet meer, kregen we ruzie over onze families, over mijn ambitie, over haar voorzichtigheid, maar altijd, godzijdank wel, kwamen we weer bij elkaar. Onze liefde bleek sterker dan welke tegenkracht ook. Omdat we, dat zeiden we dan ook tegen elkaar, van elkaar hielden.

Maar in dit lied, in dit verhaal is het niet zeker of er sowieso ooit liefde is geweest. Het is een waanzinnig knappe tekst, Belinda Meuldijk beschrijft met een paar strofen een dilemma waar vele romanschrijvers duizend bladzijden voor nodig zouden hebben. Haar woorden zijn trefzeker, het gevoel dat ze aanraken doet pijn – twijfel over wat de ander in je leven precies denkt en voelt kennen we allemaal.

Overigens heb ik aan Greetjes liefde voor mij nooit getwijfeld. Ik heb altijd gevoeld dat die echt was. Alleen uitte ze haar gevoelens heel anders dan ik. Zo extravert als ik ben, pathetisch soms, overdreven, zo nuchter en zo bescheiden was zij. Dat wil niet zeggen dat ik ervan overtuigd ben dat ik haar altijd volledig heb kunnen doorgronden. Ik denk het niet. Maar ik heb haar, op mijn beurt, ook niet alles, en dan bedoel ik echt alles, verteld. Er zijn dingen die je voor jezelf houdt, dat geldt voor iedereen. Maar twijfelen aan haar liefde, nooit. Of zij aan mijn liefde twijfelde? Ik denk het niet, maar ik kan het haar nu helaas niet meer vragen.

7

Kom Terug

Anouk

Het is natuurlijk onzinnig, de gedachte dat bijna elk liedje over mij gaat, dat míjn verhaal wordt verteld. Misschien zoek ik er wel naar, vast wel, maar er klopt natuurlijk niets van.

Op het album *Wen D'r Maar Aan* van Anouk (Anouk Teeuwe, 1975) uit 2018, haar eerste Nederlandstalige album, sleurde ze me mee naar de eenzame vlakte van de dood. Ik huiverde toen ik dat mistige veld betrad. Het was er door en door koud, maar daar, ergens, vermoedde ik mijn grote liefde. Maar hoe ik ook riep:

Kom terug bij mij
Kom terug
Kom terug bij mij
Kom terug bij mij
Bij mij

Er gebeurde niets, er drong geen enkel geluid tot me door. Al wat ik zag waren de contouren van dode bomen die als zwarte staken door de mist boorden en tranen drupten. Ik bevond me op een plek waar tijd geen rol speelt, op een plek achter ons leven. Misschien was ik die horizon zelfs al voorbij. Op zoek.

Als iemand me eerder zou hebben gezegd dat zulke gedachten bestaan, dat er toch iets is na het leven, ik zou het niet hebben geloofd.

Natuurlijk is het een droombeeld, dat van een zwarte droom die wordt aangejaagd door de wonderlijke, verslaafd makende muziek van Anouk. Haar stem lijkt mij voor te gaan en als een gids een onbekend gebied voor mij te ontsluiten. Zij lijkt te weten, zij lijkt te begrijpen:

Als een ster zonder de maan
De nachten lang, de dagen leeg
Ik ben als verdriet zonder een traan
Alles donker om me heen

Zo heb ik me de afgelopen maanden gevoeld. Tijdens de lange nachten, de plotselinge huilbuien, waarbij ik vergeefs naast me graaide, als ik keek naar de plek waar haar nachthemd op het hoofdkussen lag. Alles in mij wilde haar tot leven wekken.

Want wat kan ik als niks kan
Wie ben ik zonder jouw liefde en trouw
Als een schip zonder stuurman
Ik wil niet leven zonder jou

Dat is de zin die ik maar bleef herhalen: ik wil niet leven zonder jou. Omdat het verder zo nutteloos lijkt wat ik doe. Het vervreemdende is dat ondertussen alles gewoon doorgaat, de tijd maalt door. Als ik naar mijn lieve, zorgzame zoons kijk, naar mijn kleinkinderen, merk ik dat ik in hun trekken, in hun ogen op zoek ben naar stukjes Greetje. Maar dat lukt me niet, haar daarin terug te zien. Zo zag ik laatst een vrouw – ik stond achter haar – veel kleiner dan Greetje, die hetzelfde dikke zwarte haar had. Toen ze opzijkeek zag ik dezelfde zachte rimpels die zij ook had. Ik schrok ervan. Ik wist dat het Greetje niet was, maar van binnen schreeuwde ik het uit:

Kom terug bij mij
Kom terug
Kom terug bij mij
Kom terug bij mij
Bij mij

Van Anouk vind ik bijna alles goed. Vanaf de eerste plaat, *Nobody's Wife* (1997), maar vooral het album *For Bitter Or Worse* (2009). Ze schrijft muziek waarvan de akkoorden herkenbaar zijn, maar die ze steeds in een nieuwe variant laat klinken alsof ze voor het eerst worden gebruikt.

Haar oeuvre is in de loop der jaren van pure rock naar *soulful* gegroeid en ik heb het idee dat ze muzikaal nog lang niet klaar is, dat ze ons in de toekomst nog perplex zal doen staan met alles wat er nog in haar muziekhart verborgen zit. Toch zal de schok die *Wen D'r Maar Aan* bij me teweegbracht nooit meer worden overtroffen en dat komt natuurlijk omdat ze me voor het eerst direct in het Nederlands toezong. Zelf zegt ze daarover dat het haar in eerste instantie raar in de oren klonk, dat Nederlands, maar toen ze merkte dat haar in het Nederlands geschreven en gezongen nummer voor haar vriend, *Dominique,* aansloeg, is ze doorgegaan met het schrijven van Nederlandstalige teksten. *Dominique* staat als bonustrack op *Wen D'r Maar Aan.*

Anouk moest zoeken naar haar eigen stem. Soms klonk hij te plat, zei ze ooit, dan weer te netjes, maar uiteindelijk vond ze toch de juiste toon. Haar teksten zijn gelicht uit gewone gesprekken, ze zingt praatteksten. Het rijm is niet noodzakelijk, de teksten spotten met alles wat ik eerder heb bedacht over hoe een goede liedjestekst in elkaar zou moeten zitten. Ze doet het gewoon allemaal anders. Ook daarin is Anouk uniek. Dat blijkt niet alleen in *Kom Terug*, maar ook in misschien wel het meest typerende liedje van de Nederlandstalig zingende Anouk. Dat nummer heet *Het Is Klaar.*

> Ik heb het met jouw rotkop gehad
> Een waardeloze vent, je bent niets meer dan dat
> Ik weet het nu zeker
> Je bent niet diegene die ik dacht dat je was
> Want jij hebt alleen maar leugens gebracht
> De ene na de andere
> Niets meer dan dat
> Ik weet het nu zeker
> Je bent niet die man voor mij

Dat is Anouk zoals we haar kennen uit *The Voice*, waarin ze als jurylid optreedt. Ook in die rol neemt ze geen blad voor de mond, ze zegt gewoon waar het op staat. Zo ook in *Het Is Klaar*. De man die ooit haar geliefde was wordt in niet mis te verstane bewoordingen duidelijk gemaakt dat ze klaar is met hem. Nooit eerder kwam ik de zin 'ik heb het met je rotkop gehad' tegen. Geen zin voor een liedje, zou je denken, maar bij Anouk juist wel. Ze is een zangeres die realistisch wil zijn, die geen praatjes voor de vaak wil rondstrooien en over haar gevoelens geen twijfel wil laten bestaan.

Voeg daar haar muziek bij, een donkere onderstroom die ze naar de oppervlakte dwingt, en haar stem, die zo gekweld kan klinken dat ik de neiging voel om meteen naar haar af te reizen om haar te troosten. Anouk maakt volkstheater.

Wat ik erin hoor, is een vrouw die al haar levenservaring in de strijd gooit, haar ziel binnenstebuiten keert, die op zoek lijkt naar mensen die, net als zijzelf, ongekunstelde kunst willen maken of beleven.

Mij heeft ze jaren geleden al te pakken gekregen, maar nu kan ik maar moeilijk van haar loskomen. Bijna dagelijks luister ik naar *Wen D'r Maar Aan,* omdat ik het idee heb dat ze me door een schemergebied gidst en me ondertussen wijst op alles waar het in het leven werkelijk om gaat. Echte liefde, echte gevoelens.

8

Zitten In De Trein

Yentl en de Boer

Op 10 oktober 2018 kreeg ik een persoonlijke uitnodiging van kleinkunstduo Yentl Schieman (1986) en Christine de Boer (1983). Een paar weken later, op 11 november, zouden ze hun nieuwe album, *Morph,* lanceren.

Ik ben niet naar de presentatie gegaan. Niet omdat ik de dames niet goed vind, ze weten wel beter, maar omdat het me moeilijk valt om alleen ergens naartoe te gaan. Zeker als er gefeest wordt, dan pas ik nog even, en over dat nieuwe album had ik ze overigens al gesproken in *De Taalstaat* – de aanleiding was een optreden in Paradiso. Daar ben ik wel naartoe gegaan, op 22 augustus 2018: *Yentl en de Boer in Concert.*

Alle meneertjes en mevrouwtjes
willen zitten in de trein
ze willen zitten in de trein
zit,
zitten in de trein
of ze nou jong of oud zijn
ze willen zitten de trein
zit,
zitten in de trein
waar?
in de trein...

Het was het eerste concert dat ik bezocht na het overlijden van Greetje. Mijn zoons, Marnix en Wouter, en mijn schoonzoon Alwin waren gelukkig meegegaan. Ik zag er tegenop.

Hoe vaak hebben Greetje en ik wel niet in Paradiso gestaan? Al in de tijd dat het nog een rookhol was, toen je zonder te inhaleren stoned kon worden van de struiken wiet die richting plafond werden geblowd. Die tijd is voorgoed voorbij, roken mag niet meer. In de plaats van de eeuwige blauwe walm die me vaak naar frisse lucht deed snakken, ruik ik er nu de zure zweetlucht van het op elkaar gepakte publiek en ik weet niet wat ik erger vind, dát of die rooklucht. Maar we hebben er The Rolling Stones zien optreden, Marco Borsato, De Dijk, ach, zoveel moois. Greetje stond altijd vlakbij me, vaak met een sigaret in haar mond, tot ze definitief stopte met roken. Van haar gezicht kon ik altijd aflezen of ze het optreden leuk vond of niet. Wat dat betreft was ze een open boek. Toneelspelen, net doen alsof, was haar vreemd.

En als je kans wilt maken
om te zitten in de trein
dan moet je mee,
mee
lopen tot ie stil staat
z-zorg dat je lekker mee gaat
wil je verzekerd van een plek zijn
om te zitten
in de trein

Yentl en de Boer, daar kon Greetje om lachen. Hun eerste liedje, *Ik Heb Een Man Gekend* (zie *De Standaards van Spits 1*), hebben we van de harde schijf losgespeeld, zo vaak wilden we het horen. Nu hebben Yentl en de Boer nieuwe liedjes, die ze niet kent, die ze nooit zal horen, maar waarvan ik overtuigd ben dat ze er net zo enthousiast over zou zijn als ik dat ben. *Zitten In De Trein,* waarin de spot wordt gedreven met mensen die overal maar de eersten willen zijn, die het geduld niet kunnen opbrengen om een ander voor te laten gaan, ja, daar zou ze om gegrinnikt hebben. Zo was zíj in ieder geval niet.

Het liedje *Morph*, dat de titelsong is van het alweer derde album van Yentl en de Boer, zou haar geraakt hebben. Immers, daarin beschrijven ze het proces van mensen die in elkaar opgaan, elkaar aanvullen, niet zonder elkaar kunnen, op elkaar gaan lijken:

Ik weet niet meer
hoe wij zijn begonnen
Er was toch nooit iets zonder jou
We spreken elkaars woorden
In door ons bedachte zinnen
En ik hoor bij jou
Mijn zenuwkuch
weer terug

'En ik hoor bij jou mijn zenuwkuch weer terug', zo wordt in één zin *Morph* neergezet, want Yentl en de Boer zijn goede waarnemers. In *De Taalstaat* van 11 augustus 2018 zeiden ze dat ze het juist als een troost ervaren als mensen op een of andere manier op elkaar gaan lijken. Dat is mooi.

'*Morph* ontstond,' vertelde Yentl, 'toen ik me realiseerde dat ik voor het eerst had meegemaakt dat ik één wilde zijn met een ander. Dat is liefde. Maar het is eigenlijk bij ons als duo net zo, dat je als het ware in elkaar overvloeit.'

Ze droomden ervan om in Paradiso op te treden, ze hadden er eens Van Dik Hout gezien, maar pas toen Christine er Wende Snijders zag in haar programma *Mens*, dacht ze: daar wil ik ook staan.

En daar stonden ze dan, twee zelfbewuste vrouwen die Paradiso versierden met hun absurde vrolijkheid. Het kostte ze geen enkele moeite om het publiek tweeënhalf uur te boeien, het gelach klom langs de pilaren omhoog, af en toe gleed een traan naar beneden. Het was een ijzersterk optreden.

Yentl en de Boer zijn stoer en gevoelig tegelijk, begiftigd met glasheldere stemmen die, als ze samenvloeien, klinken als kristal. Anders dan in hun vorige programma's lijken ze de meisjesjaren voorbij en zingen ze over meer universele onderwerpen. In *Stop De Tijd* smeken ze bijna om de tijd stil te zetten op die momenten waarop ze echt gelukkig zijn. Dat noemen ze 'in het moment leven'. Daarvan kan je je bewust zijn als je voor een zaal staat, maar ook – ikzelf bijvoorbeeld – als je door de weilanden fietst. Je weet dat je de tijd niet kan stopzetten, maar alleen al het idee dat het fijn zou als het tegendeel waar was, maakt het leven meer de moeite waard.

Het optreden in Paradiso verliep van hilarisch tot ontroerend, maar vaker nog trad het duo buiten de werkelijkheid en kregen hun liedjes een lachspiegeleffect, hun handelsmerk, dat tegen het absurdisme aanschurkt. Zo beschrijft Christine de Boer in *Moordlied* hoe haar frustratie over een versufte relatie uitmondt in een moordpartij:

Jij mocht vanochtend op de goede stoel
De enige stoel die niet kraakt
we aten jouw lievelingssalami
dronken thee
Toen pakte jij de krant mee naar de wc
En ik pakte het lemmet beet

Christine de Boer zei in 2018 in *de Volkskrant* dat ze een fase heeft gekend waarin ze alleen maar bloederige thrillers verslond, zoals *Stalker* van Lars Kepler. Die tijdelijke voorkeur moet haar op dit morbide spoor hebben gezet.

Yentl en de Boer hebben ook oog voor het detail. De opbouw van *Moordlied* is uitgekiend. De moordenares gunt de door haar inmiddels terdoodveroordeelde, als betrof het zijn laatste wens, zijn lievelingssalami. Als Christine de Boer dit liedje zingt, lijkt het alsof een heks zich uit haar losmaakt. Als ze op dat moment op een bezem door Paradiso had gezweefd, had ik daar niet vreemd van opgekeken. Het slot van het liedje is onverwacht, daarom verklap ik het op deze plek niet, maar ik weet zeker dat u er net zo bij zult griezelen en lachen als ik. Dat geldt ook voor *Komodovaraan*, dat gaat over een beest dat werkelijk bestaat en waarvan de beet dodelijk schijnt te zijn.

Komodovaraan
In het schijnsel van de maan
Is ie tussen het hoge gras gaan staan

Ook hier verdween ik in een griezelboek dat geschreven had kunnen zijn door Roald Dahl of J.K. Rowling. Magie, absurdisme, rare sprookjes, vervreemdende werelden, Yentl en de Boer sleuren ons overal naartoe. Toch zijn ze het grappigst als ze ons dagelijkse gedrag aan de kaak stellen. Dat doen ze in *Zitten In De Trein*, maar ook in *Zo Origineel*, waar een snobistische dame van repliek wordt gediend door een vileine vriendin die op haar snoeverij reageert met het ironische: 'Zo origineel.' De essentie van het liedje wordt misschien wel het best getroffen door de woorden waarmee de dames afscheid van elkaar nemen:

Tot sinas
De groentjes

Pijnlijk, maar ook geestig. In Paradiso werd er hard om gelachen. Het optreden zal ik niet gauw vergeten, ook al niet omdat ik daar even vergat dat ik er zonder Greetje was. Ik leefde daar, met mijn zoons en mijn schoonzoon om me heen, even 'in het moment'.

9

Wat Je Doet Met Mij

Slongs feat. Raymond van het Groenewoud

'Je moet weer onder de mensen komen,' zei een goede vriend.

Dat probeer ik, maar dat is, zo merk ik, verdomd lastig. Als gezelschappen te overzien zijn gaat het nog wel, maar als er veel publiek om me heen is dat ik niet ken, wil ik het liefst zo gauw mogelijk naar huis. Ik weet niet eens of het gemis van Greetje me zo remt, eerder het vooruitzicht dat er mogelijk mensen op me af zullen komen die me meelevend zullen toespreken, ook al hebben ze Greetje nooit gekend. En dat terwijl ik eigenlijk niets liever doe dan over haar praten. Om herinneringen op te halen, om te lachen over wat ze ooit gedaan of gezegd heeft. Maar zo werkt het niet. Bovendien, weet ik inmiddels, zijn mensen als de dood voor de dood. Dat snap ik overigens maar al te goed, dat was ik ook. Maar nu ik er zo direct mee te maken heb gekregen, is dat veranderd. Nu denk ik er veel over na, laat ik mijn gedachten gaan over religies, over een hemel, een hiernamaals, maar realiseer ik me ook meteen dat dat zaken zijn die de mensheid heeft bedacht om zich te verzoenen met de dood en om zich te troosten met de gedachte dat er iets komt, hierna. Iets verrukkelijks, iets paradijselijks. Ik weet diep in mijn hart dat dát er niet is.

Onder de mensen komen is dus nogal een opdracht, maar ik ga wel. Vaak in gezelschap van mijn goede vriendin en collega Lisette, soms met anderen. Zo bezocht ik in februari 2019 samen met Lisette in het Beauforthuis in Austerlitz een optreden van een van mijn grote helden als het gaat om het Nederlandstalige lied, Raymond van het Groenewoud. Het was er afgeladen vol. Veel generatiegenoten, stelde ik vast. Het grijze haar overheerste – veel kaalheid ook – en ik telde nogal wat rimpels.

Raymond van het Groenewoud (ik schreef eerder over hem in *De Standaards van Spits I* en *II*) is een uniek talent. 'Een pierrot,' zei Lisette, en daarmee is hij het best getypeerd. Zijn hoofd kan ik me namelijk heel goed geschminkt voorstellen, met daaronder een felgekleurd pak met een kanten kraag en bonte schoenen met vrolijk gekrulde neuzen. Maar dat alles heeft hij niet eens nodig om te beantwoorden aan het beeld van een pierrot. De vorm van zijn hoofd, zijn lichaamsbouw, ze spreken voor zich.

Hij vermaakt het publiek met tegen de satire aanleunende teksten in een kleurrijk Vlaams. Hij heeft het over zijn met weemoed gestoffeerde hersenen. Of over gevolgen die hij zou moeten ondergaan als hij een verzoeknummer niet zingt. Dat alles op een zachte toon die opkrult als hijzelf.

Van het Groenewoud begeleidt zichzelf op piano en gitaar, wat hem meer chansonnier maakt dan de popzanger die hij eigenlijk is. Hij heeft het idee, zo zei hij na het concert, dat de mensen dan beter luisteren naar wat hij te zeggen heeft. En wat te zeggen heeft hij. Ik denk trouwens dat hij gelijk heeft: teksten dringen vaak beter door als de begeleiding klein wordt gehouden.

Of hij nu over de liefde zingt, over vrouwen, over erotiek, in alles klinkt door wie hij is en wie hij wil zijn. Iemand voor wie het sentiment de basis is van alles wat hij maakt en die dat graag mengt met zelfspot. Dit alles gepresenteerd in een volstrekt eigen taal, zijn moedertaal zoals hij die in zijn gelijknamige lied *Moedertaal* liefdevol bezingt.

Raymond van het Groenewoud beschouw ik, net als bijvoorbeeld Frank Boeijen en Boudewijn de Groot, als een kunstenaar. Wat hijzelf mooi vindt, wat hem bezighoudt dat is wat hem tot het schrijven van liedjes brengt. Hij toont zich in de ruim vierhonderd stukken die hij tot nu toe heeft uitgebracht meer dan veelzijdig. Zijn tekstuele spectrum beweegt zich tussen dichtkunst en feestgedicht. Zijn *Twee Meisjes* is pure poëzie, *Opblaaspop* is weer carnavalesk.

In 2018 verscheen het vierdubbelalbum *Archivaris,* waarop hij zijn beste, meest aansprekende liedjes heeft verzameld. Toen ik die allemaal beluisterde werd ik er even stil van. Zijn oeuvre is nog rijker dan ik verwacht had, ook vanwege de muzikale bandbreedte. Raymond lijkt alle stijlen te beheersen, van chachacha tot kleinkunstmelodieën. In het liedje *'k Heb Je Graag* begeleidt hij zich bijvoorbeeld op de piano. Ingetogen is het touché op de toetsen, zijn stem die hij intoomt tot gefluister als hij uitweidt over een huwelijk dat dreigt te mislukken:

Ik heb je graag
maar het regent weer vandaag

Van het Groenewoud is dan de chansonnier tegen wie hij zich ooit in het liedje *Rock-'n-Roll* verzette. Hij varieert van reggae, in *Stapelgek Op Jou,* tot gospel, in *Liefde Voor Muziek*. Niet voor niets werd hij in 2018 Maestro Honoris Causa van de Stichting Conservatorium Antwerpen, waar hij in de jaren zestig al uitblonk in de notenleer. In hetzelfde jaar werd hem de Lifetime Achievement Award toegekend voor zijn complete oeuvre.

Op die avond in Austerlitz speelde hij drieëntwintig liedjes. Het was een mooi overzicht van zijn vijftigjarige carrière. Zijn grote successen kwamen voorbij, zoals *Maria, Maria, Ik Hou Van Jou*, zijn allereerste opname uit 1972. Met de tekst gaf hij meteen zijn visitekaartje af:

Ze kan zo lekker lopen
Ze kan zo lekker koken
Ze kan dat wat ik wil dat ze kan
Ze kan zo mooi bewegen
Ze maakt me zo verlegen
Ja, zij zet me in vuur en vlam

Maria, Maria ik hou van jou
Voor jou sta ik uren in de kou

Het gaat Raymond vooral om die zin: *ze kan zo lekker lopen*. In een uitzending van *De Taalstaat* waarin ik hem als gast ontving, zei hij: 'Nog niet eerder had ik zo'n zin in een lied gehoord. Maar ik drukte er precies mee uit wat me opwond en wat ik belangrijk vond.'

Raymond van het Groenewoud is volstrekt openhartig als hij zingt over vrouwen. Het is zeker niet alleen de liefde die hem inspireert, het zijn ook de welvingen en de rondingen, de liefdesdaad die hij belangrijk vindt. Hij wil in een lichaam kunnen verdwijnen en hij vindt het niet erg als dat dan de allerlaatste daad is voordat hij sterft. Hij zong er in Austerlitz veel en met kennelijk plezier over. Bijvoorbeeld in *Genieten (Hier In Je Hitte)*

Hier in je hitte
Een heerlijke tijd
Ik denk niet na
En ik voel mij vrij
(...)

En ik denk na
En het lijkt alsof ik verdwijn

Maar er is meer: in zijn liedjes klinkt ook de stem door van de betrokken wereldburger die stelling neemt tegen racisme:

Ik speel dit lied voor een zwarte kameraad
Die weet wat warmte is
En waar het in het leven om gaat

L'étranger, c'est mon ami

Nooit is hij te zwaar op de hand. Altijd lukt het hem zijn woorden enige ironie of spot mee te geven. Hij manifesteert zich niet alleen als een pierrot, ook als een Tijl Uijlenspiegel. Hij heeft het allebei in zich, deze intense levensgenieter die naar liefde op zoek is, naar erotiek, naar warmte en eerlijkheid. Zijn indrukwekkende bekentenislied *Aan De Meet* doet me huiveren:

Ik heb al meermaals overwogen
Het gaat er niet om
Hoe snel ik reed
En evenmin hoe ik zal rijden
Maar ik zal mezelf zijn aan de meet

(...)
Het gaat om bewaken en bewaren
Dat is alles wat ik wil

(...)

als je sterft wordt je herboren
Ik zal zo blij zijn aan de meet

Over Raymond van het Groenewoud raak ik niet uitgepraat. En dan heb ik het nog niet gehad over zijn stem, die van hoog naar laag kan, van heel hard naar fluisterzacht. Die avond in Austerlitz liet hij dat opnieuw horen.

Voor deze Nieuwe Standaards heb ik een liedje uitgezocht dat hij in Austerlitz niet zong, dat hijzelf, vrees ik, ook nooit in een persoonlijke compilatie zou opnemen – ik weet dat hij niet zo tevreden is over de opname. Waarom doe ik het dan toch? Omdat het me zo optilt.

Het nummer heet *Wat Je Doet Met Mij*. Het is niet van hemzelf maar van de Vlaamse rapper-zangeres Slongs (Charissa Parassiadis, 1978), die de tekst heeft geschreven met Peter Govaerts en Youssef Cellak. Het staat op het album *#Goegaan*, uit 2019. In *Wat Je Doet Met Mij* is Raymond van het Groenewoud de meerwaarde. Hij verheft de rap van Slongs tot opera. Als hij zijn mond opendoet lijkt het net alsof de hemel opensplijt. Ik kan niet anders dan me heel gelukkig voelen als hij die kreet slaakt. Het zijn maar een paar woorden:

Besef je wat je doet met mij

Daarin schuilt wellicht de essentie van wie Raymond van het Groenewoud wil zijn, iemand voor wie het gevoel van het allergrootste belang is, iets waar je niet mee moet spotten, dat je serieus moet nemen. Doe je dat niet, dan ga je eraan kapot.

De tekstschrijvers hebben hem dus heel goed begrepen. Waar ze op mochten hopen, dat hij zijn hart zou losschreeuwen van zijn ziel, dat gebeurde. Daarbij wilden de bedenkers van het liedje dat hij zou klinken als in *Meisjes*, zijn eerste grote hit uit 1977.

Raymond van het Groenewoud die de hemel opensplijt – hij is de enige die dat kan. Even vergeet ik alles om me heen. Dan weerkaatst hoog in het blauw zijn stem als in een spiegelpaleis. Ik word verblind door de felheid van het licht, ik zoek naarstig naar een gedaante. Een afschaduwing. Meer hoeft echt niet. Ik schreeuw mee met Raymond, zo hard als ik kan. Vergeefs.

10

Zoutelande

Bløf

Op 14 december 2018, de dag dat Edwin Evers afscheid nam van zijn ochtendprogramma op Radio 538, ontving ik voor de tweede keer na het overlijden van Greetje een Whatsappje van de bassist en tekstdichter van Bløf, Peter Slager. In het eerste berichtje condoleerde hij me, in het tweede sprak hij de hoop uit dat ik ondanks mijn grote verdriet wordt omringd door schoonheid en troost. Op de dag van het afscheid van Edwin Evers dacht hij ook aan mij, hij beschouwt mij als een geestverwant van Edwin.

Dit soort berichten betekenen veel voor mij. Ook Edwin Evers schreef mij na het overlijden van Greetje een uitvoerige brief en, jawel, ik voel me inderdaad met hem verwant, net als met Peter Slager. Het heeft, denk ik, te maken met hoe ze in het leven staan. Edwin Evers heb ik tijdens het RadioGala 2019 op verzoek van de organisatie toegesproken en bij die gelegenheid heb ik verteld waarom ik hem zo'n bijzondere dj vind. Los van al zijn vaardigheden, zijn het vooral zijn mens-zijn, zijn optimisme, zijn vrolijkheid en waarachtige betrokkenheid bij zijn luisteraars – en dus ook bij mij – die hem zo ongekend geliefd hebben gemaakt. Vooral om die redenen is hij de beste dj van Nederland, een betere zal er niet snel opstaan. Ik was blij dat ik hem dat die avond kon vertellen.

Peter Slager en zijn band Bløf ademen diezelfde positieve geest uit. Ze omarmen het leven en me dunkt, ze hebben het een en ander meegemaakt. Ik heb me al vaker verzet tegen alle goedkope en gemakkelijke kritiek die ze te verduren krijgen met betrekking tot hun tekstmateriaal. Volstrekt ten onrechte. Alles wat ze schrijven staat in dienst van hoe zij in de samenleving willen staan. Dat ze dat niet altijd in heel concreet verwoorde teksten vangen, maakt het voor mij des te spannender. Ze schetsen contouren die ruimte bieden aan je fantasie, precies zoals Edwin Evers zijn luisteraars die ruimte gunt.

Bovendien is er nog iets wat Bløf zo bijzonder maakt, en dat is de stem van Paskal Jakobsen. Bij taal gaat het niet alleen om wat er gezegd wordt, ook om de manier van zeggen, om de klank. Paskals stem herbergt het grootste geheim van Bløf. Hij raakt in zijn intonatie, in zijn stembuigingen, in zijn klank de diepere lagen van onze ziel, hij ontgint braakliggend land. Daarin schuilt sowieso de kracht van muziek. Jakobsen laadt de woorden van Bløf ook nog eens met zíjn gevoel voor poëzie. Het komt binnen bij de luisteraar en dat is, onder meer, wat Bløf zo onderscheidend maakt.

Toen het album *Aan* van Bløf in de zomer van 2017 uitkwam, werd ik meteen getroffen door de bijzondere kwaliteit van het album in zijn geheel en vooral door *Zoutelande*. Ik heb dat nummer meteen gedraaid in *De Taalstaat*, zo vaak dat luisteraars me vroegen of het misschien een onsje minder kon. Waarom ik het zo goed vond? Om de melodie, natuurlijk. Maar ook vanwege de tekst, die me meevoerde naar die plaats die indertijd, in mijn jeugd, zo'n magische klank had. Veel van mijn Eindhovense vrienden gingen toen op vakantie naar Zoutelande. Daar heerste een bijna anarchistische sfeer, zo wilden de verhalen. Daar kon je lekker veel bier drinken en, het allerbelangrijkste, meisjes versieren.

Ik ben er nooit geweest, maar alles wat ik erover hoorde vond ik natuurlijk buitengewoon aantrekkelijk klinken. De vakanties die ik als kind met mijn ouders vierde, voerden me echter nooit naar Zoutelande, wij gingen naar Zwitserland.

Niets is beter dan met jou de kou trotseren
Er zijn mensen die naar warme landen emigreren

Emigreren mogen we een dichterlijke vrijheid noemen. Het werd voor mij bijna altijd Montreux, daar waar mijn moeder tijdens de oorlogsjaren verbleef, daar waar ook mijn oudste zusje is geboren. Montreux werd na de oorlog een soort bedevaartsoord voor mijn familie. Later, toen mijn ouders net waren overleden, hebben we hun as aan de voet van twee eindeloos hoge dennenbomen verstrooid in Les Avants, een dorpje boven Montreux. In de zomer van 2018, na het overlijden van Greetje, ben ik naar Les Avants afgereisd om daar, onder die bomen, mijn ouders te vertellen dat ze er niet meer is. Ik geloof dat zoiets rouwverwerking heet.

Zeeland was voor mij dus geen vakantiebestemming, voor Greetje daarentegen wel. Toen ze was overleden stuurde een nichtje zwart-witfoto's van haar, genomen aan de Zeeuwse kust. In de jaren zestig ging ze daar ooit op vakantie met een tante en een oom en hun kinderen. Ze vertelde me bij herhaling dat dat de leukste vakantie was die ze ooit had meegemaakt. Misschien vanwege de zee, maar, vermoed ik, vooral vanwege haar familieleden, met wie ik later kennismaakte. Haar oom Huib was een vrolijke, weldoorvoede, spraakzame man, pomphouder te Assen en een vurig Feijenoord-supporter. Haar tante Lammy was een wat ondeugende vrouw die dol was op Greetje, en Greetje op haar. Ze leken wel een beetje op elkaar. Ik kan me goed voorstellen dat ze in Zeeland gelukkig is geweest.

En dan zitten we hier in het oude strandhuis
wat je vertelt houdt me nuchter en warm
Boven mijn hoofd zie ik de grijze wolken
Ik ben blij dat je hier bent

Zoutelande is een intens liefdeslied over een man en een vrouw, neergezet tegen een winters decor. Het dorp, drukbezocht in de zomer, verlaten in de winter, is goed genoeg als toevluchtsoord voor hun liefde. Ook al is het strandhuis gammel, ook al zijn de wolken grijs. De verhalen maken het erbinnen warm en de twee drinken de wodka van de vader van de vrouw. Het is een liedje dat liefdesgeluk ademt:

Ik ben blij dat je hier bent

Zoutelande heeft de naam van Bløf ook in België voorgoed gevestigd. Eerder was dat niet gelukt. Dat heeft beslist ook te maken met zangeres Geike Arnaert (1979), ex-Hooverphonic, die op een later opgenomen versie meezong en er zo aan bijdroeg dat het zo'n grote hit werd, zelfs de grootste hit uit de geschiedenis van het Nederlandstalige lied. *Rood* van Marco Borsato uit 2006, tot dan de recordhouder, moest in *Zoutelande* zijn meerdere erkennen. In België kwam het nummer in 2018 op de eerste plaats van de hitlijst.

Zoutelande is een vertaling van het Duitse liedje *Frankfurt Oder* van zanger Axel Bosse (1980), zijn band Bosse en zangeres Anna Loos (1970). In hun versie speelt het verhaal zich af in de winter, over wodka wordt weliswaar ook gezongen, maar ze noemen het hier *kartoffelschnapps*. Daar hoort dan *bockwurst* bij. Het geluk van het samenzijn roept dezelfde woorden op:

Ich bin froh dass du dar bist

Frankfurt Oder moet niet worden verward met het grote Frankfurt am Main in het midden van Duitsland. Dit Frankfurt ligt aan de rivier de Oder in de Duitse deelstaat Brandenburg, aan de grens met Polen. Ook hier ben ik nooit geweest, maar die stad wordt net zo beschreven als Zoutelande. Troosteloos in de winter, maar net zo geschikt om er geluk te vinden, niet in een gammel strandhuis, maar in dit geval in het Gartenpavillon, het tuinhuisje.

Muzikaal gezien is het verschil tussen de beide versies niet zo groot. De Duitse uitvoering is wat steviger en de stem van Axel Bosse wijkt af van die van Paskal Jakobsen, is hoger en minder karakteristiek, maar de zang van Anna Loos lijkt weer wel op die van Geike Arnaert. Herbert Gröhnemeijer heeft Bløf op dit nummer gewezen. Ze zullen de oude rot dankbaar zijn voor de tip.

Zomer 2017. Geike Arnaert was nog niet te horen in *Zoutelande*. Het nummer maakte me gelukkig. Ik was me er toen nog niet van bewust wat Greetje te wachten stond. Niet van de tijd die komen ging. Eind augustus gingen we naar Italië. Puglia, waar we ons verbaasden over de eeuwenoude olijfbomen. We dwaalden door het historische Lecce, het havenstadje Gallipoli, genoten van de Italiaanse keuken. Maar daar toonde, achteraf bezien, Greetje ook de eerste tekenen van de slopende ziekte die haar uiteindelijk zou vellen. We wisten toen nog van niets. Of duwden ieder mogelijk vermoeden weg. We speelden scrabble, we fietsten en luisterden naar muziek. Ook veel naar *Zoutelande*. Omdat we het allebei zo mooi vonden.

11

Niemand Weet Hoe Laat Het Is

Youp van 't Hek

Het zal toeval geweest zijn, maar de stoel naast me in het theater was leeg. Alsof men wist dat iemand die mij dierbaar was er niet bij zou zijn, dat ze daar rekening mee hadden gehouden. Natuurlijk was dat niet zo, maar ik vond het wel prettig. Youp van 't Hek zou ik die avond voor de tweede keer zien in zijn programma *De Kennis Van Nu*.

Greetje was een groot bewonderaar van Youp. Als op zaterdag de vuistdikke weekendkranten bij ons op de mat ploften liet ze die altijd links liggen. 'Veel te dik,' verzuchtte ze dan. Het enige wat ze las waren de columns van Youp, die vond ze leuk. Ze hield van satire, van stevige grappen, van cabaret. Daarom zaten we vaak in het theater, en Youp sloegen we nooit over.

Die avond in Amersfoort keek ik om de paar minuten in het theaterduister naar links. Naar die lege stoel, en dan verbeeldde ik me dat ze daar zat. Met een glimlach om haar lippen die niet meer wegging. Om af en toe in schaterlachen uit te barsten als Youp weer eens ouderwets tekeerging tegen kakkers, mensen met te veel poeha en te veel geld. Zogenaamde wijnkenners die spreken van een wijn die arrogant tegen de wang hangt. Of als-ie de grap vertelde over de man die zo graag neuken wil, maar die door een woestijn loopt waar in de verste verte geen vrouw te bekennen is. Alleen

een kameel. Als Youp de clou vertelde, had ze het niet meer – dat kon ik me die avond levendig voorstellen.

Van het optreden van Youp ging een enorme troost uit. De boodschap die hij in al zijn programma's legt: durf jezelf te zijn, ga je dromen achterna, laat je niet manipuleren in een rol waarin je niet gelukkig bent, het sprak ons altijd erg aan. Want onder al dat getetter, al dat geblaas, al die grappen, gaat een man schuil met een groot hart.

Dat bewees hij toen Greetje net was overleden. Youp van 't Hek was in Italië toen hij de overlijdensadvertentie las en mailde mij onmiddellijk, een troostrijk schrijven waarin hij beloofde me te bellen zodra hij weer terug in Nederland was. Dat deed hij en hij nodigde me uit in zijn woning in Bergen.

Op een zonnige dag, juli 2018, liepen we samen over het strand. Youp luisterde naar mijn verhaal over de ziekte van Greetje, de overval op haar gezondheid. De snelheid waarmee het was gegaan. Hoe ziek ze was. Ik vertelde hem dat ik nog nooit iemand had gezien die zo ziek was en hoe machteloos dat mij maakte, het gevoel dat ik niets kon doen.

> Misschien zegt een dokter:
> 'Mijnheer, nog twee maanden'
> En word ik door een slepende ziekte gesloopt
> Men zegt dat dat beter is voor nabestaanden
> Maar twee maanden pijn is toch niet wat je hoopt

Youp luisterde.

Ik vertelde verder over Greetje, wie ze was, dat ze heel goed kon leren, sportief was. Ze hockeyde bij de meisjes van het toenmalige HTCC en haalde daar het hoogste meisjeselftal. Na de hbs en de kweekschool droomde ze van een carrière als sportlerares, maar die studie kon ze tot haar grote spijt niet combineren met het werk voor de klas. Ik legde Youp uit waarom ze ervoor koos om voor de kinderen te zorgen en het onderwijs even vaarwel te zeggen. Maar dat, toen de kinderen alle drie op school zaten, het onderwijs toch weer trok.

'Ze werd aangesteld in Nigtevecht,' zei ik, 'daar heeft ze nog een paar jaar gewerkt, tot ze besloot ermee te stoppen. Ze vond dat de opgroeiende kinderen, die toen alle drie op het gymnasium zaten, haar aandacht nodig hadden, ook omdat ik op dat voor een gezin onmogelijke tijdstip, 's avonds om zes uur, een radioprogramma presenteerde. Zij zat alleen met ze aan tafel, bracht ze vaak alleen naar bed. Later heeft ze nog een paar keer gesolliciteerd naar een baan in het onderwijs. Toen was ze vierenvijftig en werd nergens aangenomen, ze vonden haar te oud. Onvoorstelbaar. Ik kan me er nu nog over opwinden. Ze werd meestal niet eens uitgenodigd voor een sollicitatiegesprek. En dat terwijl ik wist dat ze een heel goede onderwijzeres is geweest. Het mooiste bewijs daarvoor kreeg ze in januari 2017, ruim een jaar voor haar dood.'

Onze lippen proefden het zout van de zee. Youp en ik maakten voetafdrukken in het vochtige zand die bijna onmiddellijk weer werden weggespoeld. Alsof we er nooit gelopen hadden.

'Ze kreeg een uitnodiging voor een reünie van de klas waar ze in 1968 les aan had gegeven, aan de Nutsschool Eckhart aan de Planetenlaan in Eindhoven. Ze wilde er eerst niet heen, maar ik heb er bij haar op aangedrongen toch te gaan. Het werden een onvergetelijke middag en avond. Ik heb er nog foto's van. Haar oud-leerlingen, inmiddels ruim in de vijftig, kwamen toen ze binnenkwam in het gebouw in Son en Breugel onmiddellijk enthousiast naar haar toe, dromden om haar heen en toonden vol trots de poesiealbums waarin zij versjes voor hen had geschreven. Ik kan er zelfs eentje citeren.'

Als je hartje blij wil zijn
wees dan lief en doe geen pijn
Doe je mens of dier verdriet
Neen, dan kan je hartje 't niet

Ondertekend met: *Juf M. Menger*

'De oud-leerlingen spraken met zoveel liefde over Greetje dat het me diep raakte. Ik was zo blij voor haar dat ze dit mocht meemaken.'

Ik keek naar de zee, waarop het zonlicht meerimpelde met de golven op het water.

'Greetje hield van haar werk, ze hield van kinderen. Minder van de ouders die zich bij voortduring bemoeiden met haar werk. Die keken vaak alleen naar de resultaten en hadden weinig oog voor het kind. Ze had een grote belangstelling voor de wereld waarin ze leefde. Het journaal sloeg ze nooit over, ook *Nieuwsuur* niet. Ze zag bijna iedere avond *De Wereld Draait Door*. De kranten las ze aandachtig en ze luisterde veel naar de radio. Onze opvattingen, over hoe de samenleving in elkaar moest steken, verschilden niet veel van elkaar, we stemden op dezelfde partij. Het was altijd fijn om met haar over ingewikkelde kwesties te praten en ze heeft me vaak behoed voor domme acties, ondoordachte uitspraken en emotionele uitbarstingen. Ik luisterde ook wel eens niet naar haar en dan ging het bijna altijd mis.'

Ik vertelde verder over haar leven, hoe ze dacht, hoe ze was. Over onze laatste vakantie in Italië. 'Ik had het kunnen weten,' zei ik. 'Toen we een fietstocht maakten naar het oude stadje Gallipoli werd ze ineens helemaal niet goed. Ze moest overgeven. Ik schrok van de kleur van het braaksel. Daarna zijn we in rustig tempo verder gefietst. Af en toe vroeg ze me even te stoppen. We vergaten het hele voorval.

Achteraf neem ik het mezelf kwalijk dat ik niet onmiddellijk een dokter heb gebeld.'

Youp en ik liepen tussen schuimrand en duinkant. De zon toverde het eindeloos lijkende zandstrand om in goud, het was prachtig weer. Hoog in de lucht krijsten de meeuwen.

Wanneer zal de dood zijn fiets bij mij stallen?
Wat zal mijn clou zijn?
Hoe is mijn plot?

Youp van 't Hek wordt wel verweten dat hij altijd hetzelfde doet. Dat hij niet varieert in zijn programma's, noch in zijn columns. Ik heb dat altijd tegengesproken. De vorm die Youp kiest is altijd weer anders. Maar ja, zijn boodschap is zonneklaar en, inderdaad, ongewijzigd.

Deze dag is de eerste
van de rest van mijn leven
Dat denken er velen bij hun ontbijt
Terwijl ik altijd denk: ik heb nog maar even
Dit wordt de laatste
van een prachtige tijd

Youp van 't Hek probeert ons er al jaren van te overtuigen dat je de dag moet plukken omdat je niet weet wat de volgende dag je zal brengen. Geniet nu, morgen is het misschien te laat. Hij klampt zich vast aan het leven en weet dat als je dat niet doet, je je tijd verkwanselt, je energie stopt in zaken die niets toevoegen, de kwaliteit van je leven er niet op vooruitgaat – die kwaliteit wordt niet bepaald door geld, maar door tijd. Tijd is je kapitaal, zegt-ie:

Dus moeten we dansen
Moeten we vrijen
Moeten we lachen
En drinken vol vuur
Lief hou me vast
Want nu ben ik nog bij je
Tijd is toch geld
dus het leven is duur

Als ik naar dit liedje luister, waarmee Youp van 't Hek, zeker na zijn ernstige hartkwaal in 2016, zijn programma's steevast afsluit, denk ik onwillekeurig aan het leven dat ik samen met Greetje heb geleid. Natuurlijk hebben we tijd gemorst, natuurlijk hebben we niet iedere dag gevreeën, gedanst of gedronken. Dat wilden we wel, maar er waren zoveel zaken die dat verhinderden. Het leven geeft je niet altijd de kans om precies te doen wat je zou willen, leven in een paradijs waarvan je veronderstelt dat het ergens bestaat, maar dat ver buiten je bereik ligt. Omdat je ontslagen wordt, bijvoorbeeld, omdat je niet wordt aangenomen als je ergens solliciteert, of als je kind van zijn fiets valt en zijn elleboog breekt, of als een van je kinderen gestrest is omdat hij denkt dat hij zijn huiswerk niet in zijn hoofd kan stampen, of als weer een ander kind vaak ziek is en je dat dus in de gaten moet houden. Ouders die ziek worden en doodgaan. Vriendschappen die op raadselachtige wijze ophouden te bestaan. Mensen die je bedonderen.

De weg die Greetje en ik hebben afgelegd was lang, maar toch, we hebben gevreeën: de sensatie van onze lichamen die in elkaar konden opgaan, de blik in haar ogen die me deed smelten, haar handen die mijn lichaam streelden, de woorden die ze sprak, zacht, teder.

Er is meer om te koesteren. Het plezier in een hotel als

we langs de rijke buffetten liepen, het genieten van een vakantie in Frankrijk, van een fietstocht die we maakten langs het strand bij Marseille. Duinen als kamelenbulten, wilde, kleurrijke bloemen zo ver het oog reikte. Jazeker, we zijn vaak gelukkig geweest en hebben geleefd in het nu.

Want we hebben gedanst
En we hebben gevreeën
En we hebben gelachen
En gespeeld met het vuur
God verbood
Wat we allemaal deden
Ach, leef toch je leven
als het allerlaatste uur

We stonden niet stil bij de dag die ons overviel, de dood was altijd ver weg. Greetje hield hem meer op afstand dan ik, ze wilde er eigenlijk nooit over praten.

Jij mag niet doodgaan
En ik wil niet sterven

Het onvermijdelijke, daar waar je niet over na wilt denken, overkwam ons. Ineens stond hij voor onze neus, de dood. Toen duidelijk werd dat Greetje niet meer te redden was, sloot ze zich als een oester voor mij. Ze wilde op haar eigen wijze de dood onder ogen zien, ze berustte in dat waar ze nooit over had willen praten. Ze regisseerde altijd graag haar eigen leven, haar wil was sterk, en ook nu besloot ze het, woordeloos bijna, zelf richting te geven. Ze was ongelooflijk dapper tijdens haar ziekbed, ik heb niet één klacht van haar gehoord. Als ze sprak was dat om iets te vragen of om iets duidelijk te maken. Spreken kostte haar erg veel moeite. Ze had nauwelijks adem om iets te zeggen.

Na de diagnose longkanker leefde ze nog vijf weken, op 4 mei 2018 stierf ze, in de vroege ochtend. Een dag later stond de advertentie in de krant. Nog diezelfde dag ontving ik het mailtje van Youp.

12

Dan Huilt Mijn Hart

Ernst Jansz & Luna

Eb en vloed. Zo beleef ik de dagen die elkaar in sneltreintempo opvolgen. Maar minder dan bij de echte getijden het geval is, is het soms langer eb dan vloed, en andersom. Bij eb trekt het dagelijkse leven zich terug, vallen mijn herinneringen vrij, als kleine steentjes die soms schitteren in het zonlicht of zich schuilhouden in het duister van de vochtige bodem. Er is geen volgorde, er is geen logica, ze liggen schots en scheef door elkaar, de verhalen van mijn leven, de verhalen van ons huwelijk. Soms wil ik het allemaal niet zien omdat het lijkt alsof dan alle kracht uit mij wegvloeit bij het besef dat wat ik mij herinner voorgoed verleden tijd is. Dat ik nooit meer in haar ogen zal kijken, nooit meer haar stem zal horen, haar lach. Dat ik haar nooit meer tegen zal komen in het dorp, ik op de fiets, zij wandelend in haar zwarte winterjas met een boodschappentas aan haar schouder. Naar me zwaaiend, waarbij ze haar arm enthousiast de lucht in gooide, zodat hij iets naar achteren doorboog. Niemand die dat zo deed, niemand die dat zo kon.

Dan huilt mijn hart
Mijn droeve hart

Dan is het weer vloed. Mijn herinneringen worden overspoeld, alsof ze nooit bestaan hebben. Ik fiets door het dorp en doe de boodschappen, doorloop de dagelijkse routine alsof ik nooit anders gedaan heb. Ik lees de krant, ik doe mijn werk, zet de radio aan, luister, en besef dan waarom ik zo van dit medium hou. De radio is altijd, maar onnadrukkelijk, aanwezig, en deze dagen mijn grote troost. De vloed aan geluidsgolven leidt me af, vermaakt me, informeert me of brengt me in slaap. Ik hou erg van Radio 1, met name van de sportuitzendingen en van *Met Het Oog Op Morgen*, maar eigenlijk vind ik alles wel interessant. Zelf maak ik met mijn collega's *De Taalstaat*. Ik beschouw het als mijn beste programma ooit en ik had het niet kunnen maken zonder alle ervaring die ik de afgelopen jaren heb opgedaan – het programma wil een lans breken voor onze taal, het Nederlands.

Naast Radio 1 luister ik vaak naar Sublime FM. Daar hoor ik bijvoorbeeld *Ordinary People* van John Legend, of *I've Got You Under My Skin* van Frank Sinatra. Muziek die draadjes losmaakt.

> Dan huilt mijn hart
> Mijn droeve hart

Draadjes die losraken, dat overkwam mij ook toen ik voor het eerst het liedje van Ernst Jansz hoorde dat hij samen zingt met zijn dochter Luna. Ook al hoor ik zinnen die mijn verhaal vertellen, daarmee heeft het lied verder niets van doen.

Het nummer maakt deel uit van zijn liedjescyclus *De Neerkant*. Dat is het buurtschap waar Ernst Jansz zich eind jaren zestig vestigde en niet meer is weggegaan. Daarover heeft hij geschreven in *Kronieken 1970-1980*. Zijn boek verrast me. Ernst Jansz is niet alleen muzikant, niet alleen zanger, maar hij is ook een getalenteerd schrijver. Hij vertelt in De Neerkant over het verleden.

In *Kronieken* is de toekomstroman *De Witte Kamer* opgenomen die geschreven is door zijn alter ego Estimo Jara. Langs de herinneringen van Ernst Jansz schuiven die van mij. De tijd die hij beschrijft was ook mijn tijd. Maar, lieve hemel, wat een ander leven is dat toch geweest. Ernst Jansz woonde in een commune in Neerkant, hun woonstee noemden ze de Boerderij. Ikzelf leidde een onzeker bestaan in Eindhoven en Amsterdam. En samenwonen met Greetje? Dat zouden onze ouders beslist niet goed gevonden hebben. Ik studeerde in eerste instantie economie, een studie die mij geen moment kon boeien. Ik wist niet zo goed wat ik met mijn leven aan moest. Ja, ik wilde bij de radio gaan werken, maar kom daar maar eens om als je uit Eindhoven komt. Wat Ernst en ik wel gemeen hadden was onze liefde voor muziek. Maar ik kon die niet maken, hij wel. Soms beschrijft hij momenten waarin onze werelden samenvallen. Als hij vertelt over het optreden van de band waar hij toen deel van uitmaakte CCC Incorporated. Dat ze optraden in Kralingen. Dat festival herinner ik me wel. Niet dat ik daar was, maar de beelden van dat Woodstock in Nederland hebben zich op een of andere manier toch in mij vastgezet: Supersister trad op, dat weet ik nog. *She Was Naked*, zongen ze. Betoverend vond ik dat.

Nu ik lees in *Kronieken* van Ernst Jansz besef ik dat de vrijgevochten communebewoners mijn bestaan wel heel burgerlijk zouden hebben gevonden, en dat was het natuurlijk ook. Maar ik vond dat prima, toen, ik had er niet aan moeten denken om met zoveel mensen samen onder één dak te wonen. Ook was ik niet bepaald iemand die de seksuele revolutie omarmde, ik vond dat er pas seks mocht zijn als er ook van liefde sprake was. Noem het preuts. Vooruit, toegegeven, dat waren we, Greetje en ik. We waren niet van die moderne durfallen. Eerder behoudend en misschien niet helemaal passend in die tijd van Maagdenhuisbezetting, acties voor democratisering en Dolle Mina's. Laat ik het anders zeggen: we gingen niet vooraan in de strijd.

Ernst Jansz, daarentegen, was juist wel een kind van zijn tijd. Ik lees in zijn *Kronieken* dat hij de idealen die hij koesterde in de jaren zestig en zeventig tot op de dag van vandaag trouw is gebleven. Daar zingt hij ook over:

Ik was een hippie
Een hippie ben ik ooit geweest
Ik was een hippie
Ben het misschien nog steeds

Op intelligente wijze maakt hij mij duidelijk hoezeer onze samenleving in de greep is gekomen van de multinationals. Hoe we, onder meer door de farmaceutische industrie, worden gemanipuleerd, hoe moeilijk het is om nog te geloven in liefde. Toch is dat iets waar hij zich aan vasthoudt.

Ook ik ben ervan overtuigd dat dat de enige weg is die we kunnen gaan, moeten gaan: van elkaar houden, elkaar liefhebben. De romantiek, die bij hem doortrokken is van een Indisch heimwee naar andere tijden, dat hij nog steeds in zich meedraagt, herken ik. Al moet ik toegeven dat het door de dood van Greetje moeilijker is geworden de romantiek in mezelf terug te vinden. Misschien wil ik dat ook wel niet.

Ernst Jansz spreekt in zijn boek over *terugkijkers* en *doorlopers*. Terugkijkers zouden in het voordeel zijn omdat zij het leven beter kunnen overzien en voor de doorlopers telt maar één ding: verdergaan. Ik vind het een mooie tegenstelling. Ik ben altijd een doorloper geweest, eigenlijk wil ik dat nog steeds zijn, maar het lukt me niet meer zo goed. Ik betrap mezelf erop dat ik steeds vaker terugkijk – dat gaat vanzelf – naar de tijd toen ik nog met Greetje was. Die tijd komt voortdurend terug als ik in *Kronieken* blader. Bijvoorbeeld als Ernst Jansz zijn alter ego Estimo Jara laat schrijven over zijn eerste liefde, Maria, een domineesdochter. Estimo is dan vijftien jaar:

> *Onbekend was dat er iets in hem begon te gloeien als hij zijn arm om haar heen sloeg. Het was een geheel nieuw gevoel en hij geloofde dat dat liefde was.*
>
> *Ze leerde hem al snel om er zich met heel zijn wezen aan over te geven, het geven en nemen, het genieten en laten genieten. Dat de zachtste aanraking de grootste betovering in zich draagt en dat het grootste genot schuilt in de beleving van het kleinste.*

Ik was ook vijftien, toen ik Greetje voor het eerst kuste. Het gebeurde bij haar in de straat, op een zachte zomeravond in juni. Het licht van de straatlantaarn blonk in haar ogen.

Als ik in het boek van Ernst Jansz lees en luister naar zijn muziek wisselen eb en vloed elkaar af. Het liedje dat ik het allermooist vind van zijn *Neerkant*-cyclus is *Dan Huilt Mijn Hart*, gezongen met zijn dochter Luna. De woorden vloeiden uit zijn pen toen hij de verwoestingen zag in de Syrische stad Aleppo in 2016. Geen steen stond meer op de andere, gebouwen waren ruïnes geworden die met hologige verdiepingen de wereld inkeken. Zoveel doden zijn daar gevallen, zoveel wreedheden zijn er begaan. Dat kon Ernst Jansz, kind van een verzetsstrijder, een gepassioneerde hemelbestormer, niet aanzien.

Als de zon opgaat boven de stad
Waar ik jou o jou heb liefgehad
Waar wij onze levens samen deelden
En onze kinderen speelden
Waar nu nog slechts ruïnes staan
Want legers zijn voorbijgegaan
Dan huilt mijn hart
Mijn droeve hart

De beelden waar Ernst Jansz over zingt heb ik natuurlijk ook gezien, samen met Greetje. Dan keken we elkaar aan en – soms – weg van de meest confronterende reportages. We voelden plaatsvervangende schaamte voor een wereld waarin het zo wreed toegaat.

Wij zouden het liedje niet hebben kunnen zingen, we zouden de woorden nooit zo bedacht hebben, maar we voelden het precies zo. We begrepen de woorden van Ernst Jansz en zijn dochter maar al te goed als ze zingen:

Dan huilt mijn hart
Mijn droeve hart

13

De Laatste Roker

Theo Nijland

Greetje heeft heel veel gerookt. Als een ketter. Ze begon er al mee toen ze vijftien was, in Italië. Daar vierde ze met haar ouders en zusje vakantie aan de Italiaanse Rivièra. Toen ze terugkwam rookte ze. Ik werd er nogal door overrompeld. Roken? Dat zou toen niet in mij opgekomen zijn. Ik zei dat ik het maar raar vond, ze trok zich er niets van aan. Ze rookte, daarmee uit. Ze vond het lekker, zei ze. En daarna was ze eigenlijk nooit meer zonder sigaret. Ze rookte er niet één per dag, niet twee, het werd al gauw een pakje, en soms meer. Eerst Caballero, het populairste jongerenmerk uit onze jeugd, later Camel.

Ik heb een blauwe maandag met haar meegerookt, maar toen mijn oom Frits, hoogleraar cardiologie in Utrecht, mij longfoto's liet zien van een roker, ben ik er onmiddellijk mee gestopt. Hij wist het al, eind jaren zestig, maar het was toen nog niet echt doorgedrongen in de samenleving, dat het zó slecht was. Op verjaardagen stonden er voor de gasten sigaretten klaar in een glaasje, de huiskamer zag blauw van de rook. En niet alleen Greetje rookte. Mijn vader, hij was dokter, kon er ook wat van. Hij bestond het zelfs om tegen patiënten te zeggen dat ze beter konden stoppen, waarbij hij, als hij dat zei, vaak zelf een sigaret in zijn mond had. Roken was een sociaal gebeuren, het stond voor gezelligheid en een soort onuitgesproken saamhorigheid. Kijk maar eens naar films uit die tijd, iedereen rookt.

Roken gaf Greetje ook zekerheid. De sigaret gaf haar een houding, zelfvertrouwen misschien. Zelfs toen ze in de jaren tachtig met een dubbele longontsteking in het ziekenhuis werd opgenomen en het in die jaren steeds duidelijker werd dat roken wel degelijk slecht is voor de gezondheid, kon ze het niet opbrengen ermee te stoppen. Ze probeerde het. Even dacht ik dat het haar gelukt was, en daar was ik heel blij om. Niet langer dat onophoudelijke hoesten aanhoren dat haar de adem benam en soms volkomen uitputte. Niet langer met holgemaakte handen op haar rug kloppen om haar meer lucht te bezorgen. Een beetje extra zuurstof vond ze fijn, dat geklop op haar rug vond ze niet erg aangenaam.

Een paar dagen nadat ze uit het ziekenhuis was ontslagen zat ik in de werkhoek van ons eerste huis in Laren. Vanaf die plek kon ik net niet de huiskamer inkijken. Ik vroeg iets, omdat ik dacht dat ze in de kamer was, maar kreeg geen antwoord. Ik herhaalde mijn vraag, weer geen antwoord. Dat vond ik raar en ik vroeg me af waar ze was. Niet in de kamer, een verdieping hoger ook niet. Ze zal toch niet... ik keek naar buiten.

Het was een heldere, vrieskoude winterdag. Er lag een dikke laag sneeuw op de heg en op de bomen, en ook het gras was toegedekt met een witte deken.

Ze zal toch niet?

Toch wel.

Daar stond ze, in haar auberginekleurige kamerjas – godzijdank met wollen sloffen aan haar voeten – te roken. Achter een paar coniferen omdat ze waarschijnlijk dacht dat ze zich daar voor mij kon verstoppen. De rook verraadde haar, ik schrok er verschrikkelijk van. 'Kom alsjeblieft naar binnen,' zei ik. 'Ik wil niet dat je in de sneeuw staat te roken. Rook dan in godsnaam maar binnen als je het echt niet kan laten.'

Ik weet nog: de volle asbak, de stank, de piramide
De vertroostende bedwelming, het diepe inhaleren
Het leven op de rand, de brand erin, 't gewoon riskeren
Dan maar etalagebenen, dan maar invalide

Ik kon het haar niet kwalijk nemen, dat roken, ik hield te veel van haar. Ongerust maakte ik me wel, in het bijzonder als ze hoestbuien kreeg die niet leken op te houden. Dan vóelde ik haar benauwdheid en smeekte ik haar bijna om nu echt te stoppen. Ze was er niet toe in staat, zei ze, het was te lekker.

Soms kon ze het te bont maken. Tijdens een voettocht in Bryce Canyon in de Verenigde Staten in 1997 haalde ze bijna het einde niet, zo benauwd had ze het. Dat zal haar toch wel duidelijk maken dat ze nu echt moet stoppen met roken, hoopte ik. Vergeefs. Ze was de finishlijn nog niet gepasseerd of ze stak een sigaret op. Greetje was verslaafd aan de sigaret, ze kon niet zonder. Ik wilde haar die niet afnemen, omdat ik meende te begrijpen hoe belangrijk roken voor haar was.

Waar moet ik, sinds ik niet meer rook, mijn handen laten?
Soms speel ik maar wat piano en dan zing ik er iets bij
Nogal melancholisch, heeft u het in de gaten?
Mijn stem is die van de romanticus in mij

Theo Nijland (1954) zingt zijn lied *De Laatste Roker* op het album *En De Rest Is Onzin*, ik heb het hem ook zien zingen in het theater.

Nijland oogt als de directeur van een accountantskantoor.

Hij draagt een strak pak en een modieuze bril. Maar pas op, dat is het uiterlijk. Dat zo op het oog keurige kostuum is een weldoordachte afleidingsmanoeuvre. Nijland is helemaal geen keurige accountant, eerder de uitbater van een bazaar, een onvoorspelbare geest in wiens temporale kwab de meest wonderlijke knopen en knoopjes worden gelegd, in wiens hersenen de logica een nieuwe dimensie krijgt, die van de ironie. Niets van wat hij zingt lijkt hij werkelijk te menen, ieder geluid dat hij voortbrengt krijgt een tegengeluid.

Zijn liedjes nemen zijn gedaante aan, ook die zijn keurig aangekleed. Ze klinken onschuldig. Aangenaam. Melodisch. Want hij is een zeer getalenteerd componist die zijn melodielijnen met veel speelse variaties melancholiek kan laten klinken. Maar let op, de teksten die hij ze meegeeft, die maken er een gistende en sissende cocktail van. Die laten het liedje borrelen en koken. Zoals, bijvoorbeeld, in *Een Nieuwe Oorlog*:

Een nieuwe oorlog graag
De mens is wederom met veel te veel
Te dik, te dom, sleept zich maar voort
Daar mag wel weer wat in gesneden
Zo af en toe een dikke punt achter het verleden
Wat mij betreft al morgen of liever nog vandaag
Een nieuwe oorlog graag

Natuurlijk wil hij geen nieuwe oorlog, maar blijkbaar heeft hij die ironie nodig om ons uit te leggen wat er naar zijn idee allemaal mis is in onze samenleving. Ironie is zijn vluchtweg.

Zo ook in *De Laatste Roker*. Theo Nijland heeft zelf heel veel gerookt, tot hij te kampen kreeg met een gescheurde aorta. Hij begreep dat hij, als hij verder zou willen leven, niet meer zou moeten roken. In 2015 is hij gestopt, vertelde hij me. Hij voelde zich 'erin geluisd' door de tabaksindustrie. Als hij geweten had hoe slecht het is, was hij er nooit aan begonnen. Maar gerookt heeft hij, anderhalf pakje per dag, op z'n minst. En niet alleen hij. Ook zijn collega's, vrienden, iedereen rookte. Hij begon er al mee op zijn twaalfde, met tabak in een opgerold stukje toiletpapier, achter in de tuin. Later mocht hij van zijn vader op zondag een sigaret roken – van het merk Golden Fiction.

Opmerkelijk is, in zijn liedje veroordeelt hij de roker niet, juist niet. *De Laatste Roker* is zijn protest tegen een vertruttende samenleving waarin niets meer mag:

Sinds de laatste roker zegeviert de leugen
Want na tabak werd ook de alcohol verbannen
En daarna seks, ik bedoel echte seks? Iemand?
Niemand steekt zijn hand op. Nee dus
Niemand kan het zich nog heugen

De tegenstrijdigheid waarover hij zingt is typerend voor Theo Nijland, en dat gold ook voor Greetje. Ze was niet alleen verslaafd aan de sigaret, ze voelde zich er ook door verbonden met andere rokers. Onder rokers is het gezelliger, zei ze altijd. Ze verdomde het dan ook onze vrienden het roken in ons huis te verbieden, zelfs toen ze zelf al lang en breed gestopt was.

In 2008 kreeg Greetje een lichte beroerte; een herseninfarct dat gelukkig heel weinig schade had veroorzaakt. Ze had daarna wat minder gevoel aan de linkerkant van haar mond en in twee vingers van haar linkerhand. 'Een storinkje,' riep ze altijd. Het woord infarct, laat staan beroerte, wilde ze niet horen. Na dat storinkje heeft ze nog drie jaar doorgerookt, ook al hadden de artsen tegen haar gezegd dat ze nu echt moest stoppen. Ze was verslaafd, en dat wist ze. Daar kom je niet zomaar vanaf natuurlijk. Ze probeerde het wel, maar het lukte niet. De risico's kende ze goed, ze calculeerde ze in.

> Dan maar etalagebenen, dan maar invalide
> Ze wisten het plezier behoorlijk te bederven

Maar toen in 2011 haar bloeddruk torenhoog steeg, begreep Greetje dat ze geen keus meer had. Ook omdat in haar buik een soort verkalking was vastgesteld en ze last kreeg van, inderdaad, etalagebenen. Tijdens het slapen, als ze liep. De dokter zei dat ze geen keus had, als ze tenminste verder wilde leven.

En, wonder boven wonder, zonder pleisters, zonder pillen lukte het haar van de sigaret af te blijven. Ik vond dat en vind dat nog steeds een prestatie die vergelijkbaar is met het bedwingen van de Himalaya.

Ze werd wat dikker, wat ze niet altijd even leuk vond, maar het stond haar goed. Over roken wilde ze het liever niet meer hebben. Af en toe ging ze bij Albert Heijn even buiten staan, bij de rokers, om die heerlijke geur, zoals ze zei, op te snuiven. Ze rookte niet meer, maar de verslaving bleef altijd om de hoek loeren. En er was weemoed:

> Mit dem letzten Raucher starb die Romantik
> Musste ich nur körperlich gesund sein oder etwas?
> Ich wollte doch nur leben! Saufen, rauchen, und was
> macht das?
> Das Bürgerliche umarmen? Gemütliche Musik?

Ik weet zeker dat Greetje deze ironische tekst van Theo Nijland tot in het diepst van haar wezen 'umarmt' zou hebben. Roken vond ze romantisch, het hoorde bij haar leven en nu ze niet meer rookte was er iets in haar gestorven. Iets wat alleen haar toebehoorde, wat haar maakte tot wie ze was.

Nu ik dit zo opschrijf weet ik weer waarom ik het haar nooit kwalijk heb genomen dat ze rookte. Dat kon ik niet en dat kan ik niet, ook al weet ik hoe fataal het is afgelopen:

> With the happy smoker romanticism dies
> Among these perfect creatures there's no place for me
> Here
> The perfect world, I don't want to be here
> I'd rather say goodbye
> El Romanticismo esta muerto

Theo Nijland zingt dat hij eigenlijk liever sterft dan door te leven in een wereld waarin niets meer mag. Hij is cabaretier én romanticus. Zijn woorden neem ik met een korreltje zout, dat spreekt, hij zal vast blij zijn dat hij er nog is. Ik in ieder geval wel, want zijn liedjes worden alsmaar beter.

Greetje is nooit zo ver gegaan als Theo Nijland in zijn liedje. Ze koos voor mij, voor haar kinderen, haar kleinkinderen, voor zo veel om voor te leven. Dat besef heeft haar geholpen haar verslaving het hoofd te bieden.

Haar conditie verbeterde, ze hoestte nog maar zelden en ze had het minder vaak benauwd. Op haar rug kloppen hoefde niet meer, een fietstocht hield ze makkelijker vol dan in de tijd dat ze nog rookte. Als ik daar soms een opmerking over maakte, dat het veel beter met haar ging, had ze altijd moeite om dat te beamen. Alsof ze wilde zeggen: fysiek wel, maar geestelijk? De sigaretten bleef ze missen.

Toen ik hoorde dat Greetje kanker had, moest ik onwillekeurig denken aan een item dat ik op televisie had gezien, over een zeekrokodil, een zoutwaterkrokodil. Het is een akelig beest dat wel zeven meter lang kan worden, vijfhonderd kilo weegt en zich volledig onzichtbaar kan maken. Dit monster houdt zich vlak onder het wateroppervlak schuil en kan urenlang en met veel geduld wachten op zijn prooi om dan, opeens, razendsnel toe te slaan.

Longkanker was Greetjes zoutwaterkrokodil, ze zag hem niet aankomen, de sluipmoordenaar die haar in vijf weken klein heeft gekregen. Het begon met een griepje, heesheid, een buikgriepje, een hormonale schildklierafwijking, maar tenslotte was de diagnose: kanker. Op vele plaatsen uitgezaaid, te laat voor chemo of een operatie. Immunotherapie zou nog voor enige levensverlenging zorgen, maar zelfs die was haar niet gegund. Niet eerder had ik iemand gezien die zo ziek was. Ik stond erbij en keek ernaar, naar mijn grote liefde die werd verslonden door kanker, wreed als een zoutwaterkrokodil.

Hoewel ik er natuurlijk niet honderd procent zeker van kan zijn of Greetje werkelijk door de sigaret is geveld – ze was immers al zeven jaar gestopt – denk ik toch dat die de boosdoener was, de moordenaar van mijn vrouw.

14

Ik Heb Een Hekel Aan De Blues

Vreemde Kostgangers

Met oud worden was ik nooit zo bezig. Ik dacht niet aan de dood en als die al ter sprake kwam, begon ik gehaast ergens anders over. Nu verbaas ik me erover dat ik zo naïef heb kunnen zijn. Want bij alles wat ik nu denk, wat ik nu zie, wat ik doe, grijnst het monster me aan en weet ik dat hij nabij is. Niet dat ik bang ben voor het moment dat hij me te grazen zal nemen, ik weet dat dat onvermijdelijk te gebeuren staat, meer omdat hij zich nu al overal mee lijkt te bemoeien. Hij is aan mijn tafel komen zitten zonder dat ik hem heb uitgenodigd hij slaapt naast me in bed zonder dat ik hem gevraagd heb erbij te komen liggen, hij staat achter me als ik me sta te scheren. Dan begint hij zelfs een beetje op mij te lijken, sta ik oog in oog met een doodskop. Zelfs als ik in het theater zit, heb ik het gevoel dat hij in de buurt is, alsof hij me in de gaten houdt.

Toen ik op 30 maart 2019 in de Ziggo Dome in Amsterdam het vijfentwintigjarig jubileumconcert van Trijntje Oosterhuis bezocht, leek het wel of hij zat te wachten op het lied *Liefde van Later*, dat Trijntje zong met gastzanger Paskal Jakobsen van Bløf. Het was alsof ik zijn doodsgrijns in mijn rug voelde prikken. Het duet was overigens prachtig, de uit het Frans vertaalde tekst van Lennaert Nijgh kende ik maar al te goed:

Ik hou van jou
met heel mijn hart en ziel
Hou ik van jou
Langs de zon en maan
Tot aan het ochtendblauw

Het waren de woorden die ik op Greetjes rouwkaart had laten zetten. Natuurlijk kreeg ik tranen in mijn ogen, maar waarop ik hoopte, dat de verdoving eindelijk was uitgewerkt en ik eens werkelijk echt kon huilen, dat gebeurde niet. Misschien omdat ik weet dat het monster me schaduwt en ik het hem niet gun zich te vermaken met mijn verdriet.

'Ben je daar, Greetje?'

'Min of meer. Je moet maar niet te veel vragen, maar ik kan, zoals ze dat hier noemen, afdalen. Soms kruip ik in de huid van een roodborstje. Dat vind ik leuk, maar meestal ben ik er gewoon zoals ik was. Voor jou ben ik onzichtbaar. Ik ben er dus eigenlijk niet, snap je. Ik ben geen mens meer, een wezen ben ik. Vergelijk me met een wolkje. Als ik een zonnebad heb genomen, dat doe ik nogal eens, dat vind ik heerlijk, dan ben ik goudgerand. Mijn binnenste kun je het best vergelijken met een strakgespannen zeepbelvlies. Ik kan met alle kleuren van de regenboog spelen. Dat verveelt gewoon nooit.'

'Het zal wel een drukte van belang zijn daarboven?'

'Daarboven? Hoe kom je bij daarboven? We zijn overal, wij zijn het heelal en met zovelen dat we met elkaar licht en duisternis kunnen maken. Als je naar de zwarte gaten kijkt of naar de blauwe lucht, zie je eigenlijk het hiernamaals. Ik weet even niet zo gauw een andere naam. Wij vormen die andere dimensie.

Alles wat was is boven je en om je heen. Zie ons als gestolde verleden tijd. Wel kunnen we ons losmaken uit het geheel. Dat is fijn, dan worden we een ster. 's Nachts kun je ons het beste zien. Wij zien de aarde iedere dag en weten dat alles wat zich daar afspeelt in de tijd gevangen vastzit. Wij kennen geen tijd. Wij hebben alle tijd. Er is hier geen dag, geen nacht, alleen een eeuwig zijn. Leven kan ik het natuurlijk niet noemen.'

'Maar is dat niet ongelooflijk saai?'

'Ach, wat is saai. Ik weet al niet beter meer. Ik heb ook geen zorgen meer, ja, over jou, over onze kinderen, onze kleinkinderen, maar ik weet dat het met jou en met hen uiteindelijk allemaal wel goed zal komen, dus zorgen, nee, saai, nee. Er is zoveel te zien. Jij had een hekel aan verre reizen. België vond je al ver, zei je altijd tegen mij. Ik kan werkelijk overal naartoe. Naar het zuidelijkste puntje van Zuid-Afrika, of naar het noordelijkste puntje, dan moet ik altijd even aan jou denken, boebel.'

'Boebel?'

'De aardse taal heeft me nog niet helemaal verlaten, maar, ik geef toe, praten doen we hier eigenlijk niet. We ritselen meer.'

'Ritselen?'

'Ja, we bewegen ritselend langs elkaar heen, dat is onze manier van communiceren. Iedereen ritselt op dezelfde manier. We kennen geen taalproblemen.'

'Ben je mijn ouders al tegengekomen?'

'Ja, natuurlijk. Die zweven altijd vlak bij elkaar. Het gaat goed met ze, met iedereen gaat het hier goed. Is dat geen geweldige troost? Maar praten? Nee, al ritselend tonen we elkaar ons wezensvlies,

dat laat het gezicht van vroeger oplichten. Heel even maar, dan is het weer weg.'

'Wat heerlijk om even met je te praten.'

'Ja, er zijn dus wel degelijk van die luikjes waar je vriend het over had, maar je geloofde hem niet. Daar moet je wel voor openstaan. Je hebt me nu een paar keer aangeroepen. Ik ben ook de beroerdste niet, dan kom ik even. Maar veel meer dan ritselend langs je heen zweven kan ik niet. Als je die ritseling voelt, kun je aannemen dat ik weer even bij je in de buurt ben.'

'Heb je het roodborstkastje gezien dat ik vlak naast het raam van onze slaapkamer heb opgehangen?'

'Ja, dat zag ik, maar dat hangt echt veel te hoog, daar gaat geen roodborstje in zitten.'

'Hoelang kun je nog blijven?'

'Zolang je wilt, Frits, zolang je wilt. Als je gelooft dat ik er ben, dan ben ik er.'

Door de dood van Greetje begint het af en toe in me te malen. Ik droom wonderlijke dromen, dromen die me soms troosten. Greetjes dood heeft mijn leven veranderd, verandert mij. Natuurlijk weet ik dat ik de leeftijd heb dat ook ik zomaar ziek kan worden, de hele babyboomgeneratie krijgt daar nu mee te maken. Om die reden zegt Henny Vrienten, een van de drie mannen van Vreemde Kostgangers, dat de dood hem op de hielen zit. Vrienten is net zo oud als ik, George Kooymans ook, Boudewijn de Groot is iets ouder. Zij worden juist gemotiveerd door het ouder worden, door het besef dat het opeens afgelopen kan zijn. Ze willen nog heel veel moois maken, maar ze weten ook: haast is geboden. Ik weet niet of ik dat ook zo ervaar. Ik wil het wel, iets mooois maken, en als ik *De Taalstaat* presenteer voel ik me oprecht gelukkig, maar verder vind ik het maar moeilijk omdat ik zo direct met de dood werd geconfronteerd.

Henny Vrienten spreekt vrijuit over de dood, George Kooymans en Boudewijn de Groot laten zich daar, in ieder geval in het openbaar, wat minder over uit. Vrienten zingt er zelfs over. Op 27 maart 2019 zong hij in *De Wereld Draait Door* een nieuw liedje – met de dood als onderwerp – waarin hij stelt dat, als je betrekkelijk lang hebt geleefd, je er toch vrede mee kan hebben. Dat liedje heet *Carnaval.*

Kom nu naar het carnaval
Van mijn feestelijk verval
Hef het glas op wie ik was
Drink op wat voor jou nog komen zal
Geniet van dit feest
Ik ben er geweest

Het is een gedachte die ik vaker ben tegengekomen, onder anderen bij Robert Long, die op zijn laatste album uit 2006 een ironisch liedje over zijn leven na de dood zingt. Het is een thema dat ook bij Randy Newman vaak aanwezig is. Bij wie niet, zou ik bijna zeggen. Maar dat je je zo bewust bent van die paar jaar die je nog voor je hebt, zo sterk de wil hebt om daarom nog veel te creëren, ik geloof dat ik dat ook wel heb, maar ik weet niet of ik het kan opbrengen, of ik zo sterk ben als Henny Vrienten.

Greetje had dat minder, de wil om door te leven. Op onze laatste vakantie samen, september 2017, vermoedde ze volgens mij al dat er in haar lijf iets niet goed zat. Toen zei ze: ‘Negenenzestig is toch een mooie leeftijd?’ Ik weet nog dat ik haar toen geschokt aankeek en zei dat ik die zin nooit meer wilde horen. De dood zat toen al bij mij aan tafel, maar ik was me er nog niet van bewust.

Op 2 maart 2018 stonden Vreemde Kostgangers, Henny Vrienten, Boudewijn de Groot en George Kooymans, met hun tweede liedjesprogramma in Carré in Amsterdam. Greetje en ik hadden ernaar uitgekeken. We waren fan. Maar Greetje moest verstek laten gaan, ze voelde zich niet lekker. 'Ga jij maar', zei ze, 'en doe de mannen de groeten als je ze spreekt.'

In de loop der jaren zijn we 'de mannen', zoals Greetje ze graag noemde, nogal eens tegengekomen. Bij een concert van Boudewijn de Groot, van Rob de Nijs, bij het afscheid van Mieke, de vrouw van Peter Koelewijn. Altijd is het prettig ze weer te zien en om met ze te praten. Zeker met George, een openhartige, vrolijke man. 'Mooi programma, *De Taalstaat,*' zei hij ooit, 'maar is het hier en daar niet een beetje elitair?' Hij slijmt niet, zegt wat hij denkt en vindt. Daar hield Greetje van, ook van de muziek van Golden Earring, en ze was blij verrast met Kooymans' onverwachte aanwezigheid in Vreemde Kostgangers.

Die avond moest Greetje tot haar grote spijt aan haar voorbij laten gaan, ik ging wel en de Kostgangers speelden de zaal plat. Mij in ieder geval. Vooral George Kooymans vond ik opnieuw een openbaring. Het was alweer de tweede tournee van het trio, dus ik was er al aan gewend dat George ook in het Nederlands zong. Het nieuwe was er dus wel vanaf, zou je denken. Nou, vergeet het maar. In het liedje *Ik Heb Een Hekel Aan De Blues* zong George Kooymans mijn trommelvliezen aan flarden, kraakte hij mijn ribbenkast en sloeg-ie deuken in mijn hersenpan. Wat een lied! Hij klonk als Neil Young in zijn beste dagen, hij maakte er rock-'n-roll van.

Door deze track meen ik te weten waarom Kooymans in het Nederlands net zo hartverscheurend kan klinken als in het Engels, omdat hij in dit liedje het Nederlands *verEarringt*. Bijvoorbeeld in de zin:

Als je langzaam de moed verliest

Dat moed laat hij klinken als *mood*...

Ook het woord blues, sleutelwoord in het nummer, is Engels. De precieze betekenis daarvan laat zich moeilijk doorgronden, het is een gevoel van diep verdriet waarin ook een soort verslaafdheid aan dat gevoel sluimert. En dat gevoel wordt vertaald in melodielijnen die het op sleeptouw nemen, naar de diepte trekken, maar die tegelijk een reddingsboei aanbieden. Als troost. Is het met de dood ook niet zo, dat in je verdriet erom een verslaving loert, een gevoel dat je wilt vasthouden, omdat anders, tja, de dode echt dood is.

Mijn lief heeft mij verlaten
Ze doet het met een andere man
Ik zoek mijn troost in een nachtcafé
Waar ik ongemerkt wat huilen kan
Ik drink mij total loss
Whisky puur
Staar naar een blauwe foto
Aan de muur
John Lee Hooker kijkt me grijnzend aan
Vanaf een oude platenhoes
Mijn god, wat heb ik een hekel aan de blues

George Kooymans laat zijn gitaar huilen terwijl hij zijn stem laat klimmen als hij zingt dat hij een hekel aan de blues heeft. Hij heeft een hekel aan die gemoedstoestand, niet aan de muziek. De paradox van de bluesbeleving is in dit liedje zeldzaam mooi verwoord, het verdriet waar je ook om mag lachen, omdat het troost biedt.

Misschien is het in dit liedje met opzet een beetje over de top uitgewerkt, dat doet er niet toe. De tekst is overigens van Boudewijn de Groot, die er steeds beter in slaagt om, zoals de Engelsen dat zeggen, *witty* teksten te schrijven, met een soort onderkoelde humor: het ligt er niet te dik bovenop, is meer bestemd voor de goede verstaander. George Kooymans, de zijinstromer, laat de ironie van de tekst tot zijn recht komen. Of hij dat ook deed in de ontelbare Engelstalige hits van Golden Earring, dat weet ik eerlijk gezegd niet. Ik ben een rare, ik zeg het maar eerlijk hier, maar Engelse teksten gaan vaak mijn ene oor in en mijn andere weer uit. In veel gevallen weet ik bij God niet wat er gezongen wordt. Dom? Nogal. Maar ik denk dat ik niet de enige ben.

Hoe het zij, er zijn maar een paar artiesten die me in het Engels echt tot luisteren dwingen. Bob Dylan, Leonard Cohen. Tom Waits, Nick Cave, Randy Newman. Dat soort artiesten, bij wie je voelt dat ze iets te zeggen hebben.

Bij George Kooymans had ik dat nooit. Toch kon ik *Radar Love* meezingen, *Twilight Zone*, *Just A Little Bit Of Piece in My Heart*. Maar de muziek en vooral de stem van George Kooymans, daar gaat het hier om. Bij Vreemde Kostgangers gebeurt er iets wonderlijks. Hij jaagt het Nederlands op tot een stormvloed, de woorden krijgen de universele orkaankracht van de blues mee. Dat gevoel waarin de liefde flirt met de neergang, de dood. Ik geloof dat ik steeds minder een hekel aan de blues krijg. Het lijkt wel alsof hij zich over mij heeft ontfermd.

15

Man Fan Hout

Nynke Laverman

Het dagritme jaagt me het bos in. Ik fiets veel, bij voorkeur 's avonds, langs de duistere bomenrijen. Ik krijg dan het gevoel dat tijd er niet meer toe doet, dat alles wat er was er nog steeds is. Ik rij hard, het fietsen moet me uitputten – ik kan erbij nadenken of nergens over denken. Dan probeer ik woorden te vinden waar geen woorden voor zijn, voer ik gesprekken zonder begin en zonder eind, zoek ik tussen de zwarte schaduwen van de stammen naar licht, naar hoop, naar verwachting. Het helpt wel, de tochten die ik maak – ik wil woorden vinden die vertellen van mijn liefde.

Hoe te fertellen
Fan it libben yn dyn arms
Yn 'e waarte fan dyn hannen
Yn,' e lijte fan dyn rêch
En de rook van hout

(Hoe kan ik de woorden vinden
voor als ik in je armen lig
Als ik de warmte van je handen voel
me beschermd weet door je lichaam
en de geur van hout)

De woorden van de Friese zangeres Nynke Laverman op haar album *Wachter* (2016) voeren me de duisternis binnen. In die vormeloze donkerte probeer ik het beeld van Greetje tot leven te wekken. Ik zie haar gezicht oplichten, haar ogen, haar lippen, haar onhandig lange armen, waar ze vaak geen raad mee wist.

Hoe te vertellen

O ja, ze zou zeker hebben gelachen om deze woorden. 'Doe niet zo bespottelijk, het is echt bezopen wat je nu opschrijft, verschrikkelijk overdreven,' zou ze hebben gezegd. Maar nu de tijd ons uiteen heeft gedreven, kan ik niet anders, hoewel ik diep in mijn hart weet dat ze met haar commentaar het grootste gelijk van de wereld zou hebben.

'Ik moet iemand zijn die ik niet ben,' zei ze soms. Zo dacht zij over het ideaalbeeld dat ik van haar schetste, ze was er te nuchter voor, leek het wel. Maar in haar moet toch diezelfde romantiek aanwezig zijn geweest, dezelfde behoefte om lief te hebben, om liefde te geven. Anders had ze het nooit zo lang bij mij uitgehouden.

De liefde die er was wordt met de dag meer abstract, ik geef er steeds meer mijn eigen invulling aan, misschien klopt er wel helemaal niets meer van. Maar wellicht is alles wat ik nu bedenk dat wat overblijft van alle in de afgelopen jaren opgespaarde gevoelens, alles wat er overblijft als je geliefde je ontvalt. Mede daarom zoek ik de rust van de natuur, net als Nynke Laverman (1980), de zangeres uit Friesland die naam maakte met haar vertolking van de Portugese fado in de Friese taal, die me met haar verlangen om één te worden met de natuur naar donkere bossen voert, naar het woud lokt. Ze bezingt het landschap, de rust die ervan uitgaat. Nu ze ouder is en kinderen heeft, raakt deze zangeres steeds meer betrokken bij haar omgeving. Ze wil er met zorg mee omgaan.

In 2018 zong ze een liedje tijdens de feestelijkheden bij Leeuwarden Culturele Hoofdstad van Europa, *Voor Zes Uur Thuis (Seis Oere Thús)*. Daarmee wilde ze niet alleen een stem geven aan het verleden, maar ook aan de toekomst. Als in Friesland om zes uur 's avonds de kerkklokken luiden, betekent dat dat de mensen aan tafel worden verwacht voor het avondeten. Dat is zoals het was. De kerkklokken dragen de melancholie over de Friese weilanden.

Nynke Laverman wil met *Voor Seis Oere Thús* ook duidelijk maken dat het de hoogste tijd wordt om over de toekomst na te denken. Over hoe de Fries, maar ook de Nederlander, het best kan zorgen voor zijn of haar omgeving zodat hun kinderen en kleinkinderen er in vrede en zuiverheid kunnen leven.

Op 27 januari 2018 ging de manifestatie Leeuwarden Culturele Hoofdstad van start. Die avond zong Nynke Laverman, gezeten op een paard, met een stem die alle vierhonderd kerkklokken van Friesland overstemde en ondersteund door een massaal koor, het culturele hoofdstadlied. De vijfendertigduizend aanwezige Friezen in het koude Leeuwarden werden er stil van.

En de klokken se sjonge
Se sjonge foar ús
Seis oere thús
Seis oere thús
en de klokken se sjonge
Alinne foar ús
Flean de wrâld yn myn jonge
Seis oere thús

(En de klokken ze luiden
Ze luiden voor ons
Zes uur thuis
Zes uur thuis
En de klokken ze luiden
Alleen voor ons
Ga de wijde wereld in jongen
Zes uur thuis)

De muziek van dit lied is geschreven door de man van Nynke Laverman, Sytze Pruiksma. Hij schreef ook de muziek voor het album *Wachter*.

'Muziek willen we net zo lang vereenvoudigen,' zegt Nynke Laverman, 'tot de lange lijnen van het Friese landschap om ons heen als het ware hoorbaar worden.' Ook de muziek moet van dit echtpaar dus verhalen van de natuur.

Het album van Nynke Laverman heet overigens niet voor niets *Wachter*. De Wachter staat voor de boswachter, die weet dat je de natuur niet moet opjagen.

Wês wach
Wês wachter
Wachter yn ferwûndering
Wachter in bysûndering
Wês wach
Wês wach

(Wees waakzaam
Neem de tijd
Bewaak het wonder
Bewaak de waarde
Wees waakzaam
Wees waakzaam)

Je moet tevreden zijn met wat zich aandient. Niet de bodem uitputten. Als je wacht, als je geduld hebt, krijg je oog voor het wonder, voor de waarde van het leven. Je moet alles de tijd gunnen om te rijpen. In die rust, in dat bewustzijn, kan ook de liefde gedijen.

Hoe te vertellen
Fan it libben under beammen
Dy't ús hoedzje foar it ljocht
Fan in Himmel sa tichtby

(Hoe moet ik woorden vinden
Voor het leven onder de bomen
Die ons beschermen tegen het licht
Van een hemel zo dichtbij)

Het is de rook van hout, de geur van hout die voor haar samenvalt met de liefde. Ook het lichaam van haar geliefde is natuur, zij vergelijkt het met een landschap. De meest poëtische zin in dit liedje is:

Hoe te vertellen dat ik dûnsje
Foar de spegels fan dyn eagen

(Hoe moet ik woorden vinden
Dat ik dans voor de spiegels van je ogen)

Dat ik dans voor de spiegels van je ogen. Dat beeld symboliseert een geluksgevoel. Nynke Laverman zingt over volmaakt geluk. Ze paart dat aan de kracht en de rust van de natuur. De geur van het hout is verstoven natuur die haar bescherming biedt. Dat geluk, waar Nynke over zingt, heb ik ook gekend.

Ik blader door fotoboeken. Het leven dat Greetje en ik samen hebben geleefd beslaat achtentwintig fotoboeken met foto's waarop onze geluksmomenten zijn vastgelegd, te veel om op te noemen – mijn levensboekhouding heb ik op orde.

Op één van de foto's staat Greetje er als een ware madonna bij. Ze waaiert haar turquoise rok met haar rechterhand uit, houdt het hoofd enigszins schuin en lacht me toe vanuit een straatje in St. Paul de Vence, Zuid-Frankrijk.

Greetje was niet zo van de foto's. Meestal verborg ze haar hoofd onder een handdoek en riep: 'Nu even niet.' Maar nu ben ik blij dat ik toen niet altijd heb geluisterd, omdat als ik nu ik terugkijk, zie waarom ik zo van haar heb gehouden.

Heb ik haar dat wel vaak genoeg gezegd? Elke dag? Soms word ik door paniek overvallen omdat ik denk dat ik te vaak tekortgeschoten ben, te veel met mezelf bezig was.

Een van de gelukkigste dagen van mijn leven beleefde ik in de zomer van 1993, toen Greetje en ik met onze zonen Sander, Marnix en Wouter, gingen kanovaren op de Ardèche, een rivier in Frankrijk.

Nu ik mijn jaren tel
Draait er een film in mijn hoofd
Ik zie een kano in het schuim die water spat
Mijn zoons worden nat
Geluk in een boot
Zo'n liefhebbend stel
Als ik al veertig tel

(uit: *Zestig Strepen*, 2008, Nijgh & Van Ditmar, gezongen door Rob de Nijs. Een vertaling van *It Was A Very Good Year*, geschreven door Ervin Drake, gezongen door Frank Sinatra, 1965)

Het was die dag snikheet. We waren allemaal in een vrolijke bui en vastbesloten om de tocht tot een goed eind te brengen. Dat was minder makkelijk dan we hadden gedacht, het werd afzien. Soms vielen we letterlijk uit de boot omdat we niet tegen de kracht van het wild kolkende water waren opgewassen, dan weer raakten we de ton kwijt waarin we onze spullen hadden opgeborgen. Het vergde heel wat inspanning om dat van ons wegdrijvende ding weer binnenboord te hijsen.

Soms gunden we onszelf even rust en zaten we uitgeput aan de oever van de rivier wat adem bij elkaar te sprokkelen. Ondertussen klom de zon naar haar hoogste punt, vanwaar ze een helse hitte op ons afstuurde. We ondergingen de kracht van de natuur, de zon, het water, maar ook zagen we de schoonheid van alles wat er bloeide en groeide. Struiken die klauwden in de rotsen, een natuurlijke pergola van steen waar wij onderdoor voeren, overal wortels die naar het water van de wild stromende rivier reikten. We waren er allemaal diep van onder de indruk.

Sander en Marnix deelden een kano, Greetje en Wouter ook. Ik kanode erachteraan voor het geval ik hulp zou moeten bieden. Gelukkig was dat niet nodig. Laat in de middag, de zon verborg zich al achter de bomen, bereikten we het eindpunt van de tocht. Ik kwam als allerlaatste binnen, doodmoe maar tevreden. We hadden het gehaald.

's Avonds, in de caravan, hebben Greetje en ik elkaar liefgehad. Ik wilde toen dat die dag en die nacht nooit voorbij zouden gaan.

Hoe te vertellen dat ik dûnsje
Foar de spegels fan dyn eagen

(Hoe moet ik vertellen
Dat ik dans voor de spiegels van je ogen)

16

Eén Nacht Eeuwigheid

Van Dik Hout

Alles ervaar ik sinds de dood van Greetje op een andere manier, en dat terwijl er aanwijsbaar niets veranderd is. Dat verlamt me soms.

Ik lees het nieuws, ik luister naar de radio, ik kijk televisie, ik hoor namen voor het eerst van mensen die ik toch zou moeten kennen. Ik raak achterop. Het lijkt wel alsof het leven om me heen versnelt terwijl ik stilval. Dat is natuurlijk niet zo, maar dit is wel het gevoel dat me steeds vaker bekruipt. Voordien had ik daar nooit last van. Ik hield het nieuws altijd goed bij, maakte me schuldig aan het hardop uitspreken van vaak gratuite analyses, had snel mijn mening klaar. Nu is het net of wat er gezegd wordt onvoldoende tot me doordringt. Ik volg de politiek, zoals altijd, met veel belangstelling, maar al die verrechtsing, al die begrippen die door elkaar worden gehusseld, dat rechts eigenlijk links is, onzin. Wat kan ik ermee, wat moet ik ermee?

Met duizend vragen in mijn hoofd loop ik door mijn lege huis, het van Greetje verlaten huis. Bij haar kon ik mijn verhalen kwijt, we deelden onze opvattingen over politieke gevaren, we bespraken onze ongerustheid over maatschappelijke ontwikkelingen en we konden er, uiteindelijk, ook nog eens flink om lachen.

We hielden van satirische programma's. Van scherpe grappen, vindingrijke taal en krachtige liedjes. Bij de muziek die ik nu hoor denk ik vaak: hoe zou Greetje dit hebben gevonden? Liedjes die ze niet meer heeft kunnen beluisteren, *Eén Nacht Eeuwigheid* bijvoorbeeld, Van Dik Hout, dat na haar dood werd geschreven en opgenomen.

Het begint met rollende klappen die de woorden opjagen zoals de wind dat soms doet met de zee. De stem van zanger Martin Buitenhuis klinkt net zo fris als toen ik hem voor het eerst hoorde in dat inmiddels legendarische *Stil In Mij* (1994 – zie *De Standaards van Spits 1*). De verrassing van zo'n eersteling is niet te evenaren, toch durf ik te beweren dat dit liedje minstens zo goed is. Bovendien zijn de liedjes tekstueel broertjes van elkaar. Zoekt Buitenhuis in *Stil In Mij* naar een wereld waar hij zijn stille geluk kan veiligstellen, hetzelfde doet hij in *Eén Nacht Eeuwigheid*:

Iets wat de ogen streelt
En alle wonden heelt
Starend in de nachtelijke zon
Verlies ik je in de tijd
Raak ik je niet kwijt
Stralend in het licht
van één nacht eeuwigheid

Eén nacht is voldoende om het stil in hem te krijgen. Een geluksmoment, bevroren in de tijd, dat daarom een eeuwigheid lijkt te duren, waarvan hij wil dat het nooit meer voorbij zal gaan. Ook hier creëert hij zijn eigen Utopia waarin hij de wereld om zich heen buitensluit. Eén nacht, genoeg voor een heel leven, zo lijkt het.

Het thema doet mij denken aan *Tonight* uit *West Side Story* (1959), de musical van componist Leonard Bernstein en librettist Stephen Sondheim. Muziek en tekst vormen een monument in de muziekgeschiedenis. In *Tonight* zitten zinnen die dat thema van Martin Buitenhuis onovertroffen uitwerken:

Tonight, tonight
The world is full of light
With suns and moons
All over the place
Tonight, tonight
The world is wild and bright
Going mad
Shooting sparks into space

Dat overstromende verlangen naar een geluksnacht met iemand voor wie je de wolken wilt najagen, die je wel naar een plek achter de maan zou willen dragen, voor wie je alles overhebt en die ook van jou houdt. Een nacht waarin de sterren stralen, alle zonnen en manen licht geven, een wereld die in een verblindend licht is gezet, een gekmakend gelukslicht, met sterrenflitsen die als vuurwerk langs het nachtfluweel schieten.

West Side Story is een compleet levensverhaal over liefde, verlangen en dood. Als ik nu naar de muziek luister, die ook tijdens de uitvaart van Greetje werd gespeeld omdat we er allebei zo van hielden, omdat *West Side Story* de eerste film was die we samen zagen, weet ik weer hoe het voelde toen ik voor het eerst verliefd op haar werd, hoe ik kon verlangen naar haar ogen, haar stem, haar lichaam. Het is jammer dat ik niet kan zingen, maar als ik het zou kunnen, zou ik dat in zo'n nacht voor haar hebben gedaan. Want zo'n nacht, *Eén Nacht Eeuwigheid*... ik heb hem ook gekend. Het is blijkbaar niet strikt noodzakelijk dat je daarvoor moet kunnen zingen. Ook weet ik inmiddels dat eeuwigheid in de ware betekenis van het woord niet bestaat. Althans, niet voor mij, niet voor ons.

Toen ik Martin Buitenhuis sprak in *De Taalstaat* van 20 april 2019 ging hij dieper in op de teksten die hij heeft geschreven. Hij laat zich inspireren door gedichten, maar ook door de Amerikaanse schrijver John Steinbeck. Korte, kernachtige zinnen. Hij hoopt dat brokjes daarvan terug te vinden zijn in de teksten die hij zelf schrijft, die gaan over thema's als liefde, zoeken en verlangen. Dat is in de vijfentwintig jaar dat hij teksten schrijft vrijwel zo gebleven. Daarbij grenst wat hij schrijft altijd aan poëzie. Hij zegt de dingen toch net even anders dan een ander. Zijn beste tekst vindt hij *Zij Maakt Het Verschil*, die hij schreef voor de Poema's:

Ze is geen hitrefrein
Dat van de steigers klinkt
Niet de allerduurste wijn
Die je zonder kater drinkt
Geen bloementuin in bloei
Niet een uit duizend nachten
Geen uitgestoken hand
Niet het eind van al mijn wachten
Neen, meer nog dat ik eigenlijk toegeven wil
Zij maakt het verschil

Het liedje ontstond uit ergernis over alle clichéteksten over vrouwen. 'Ik wilde nou juist eens beginnen met al die zaken die belangrijk lijken, maar waar het eigenlijk niet om gaat, om dan tenslotte scherp te stellen dat de liefde draait om de persoon waar je gewoon van kunt houden omdat ze is wie ze is, niet om wie ze zou moeten zijn.' Zij maakt het verschil.

Op 26 juni 2019 was ik bij het jubileumconcert van Van

Dik Hout. Ze vierden hun vijfentwintigjarig bestaan in een bomvol Carré, waar hun bekendste liedjes keihard werden meegezongen. Het concert werd, zoals altijd bij Van Dik Hout, ingeleid door *Out On The Weekend* van het album *Harvest* (1972) van Neil Young. Daarmee plaatsen ze zich in de traditie van melodieuze rocksongs en drukken ze hun respect voor het verleden uit.

Mij bevalt die keuze voor Young wel, er is namelijk geen popstem die mij meer aanspreekt. Samen met Greetje kon ik urenlang luisteren naar albums als *Déja Vu* (1970), waarin Neil Young een belangrijk aandeel had en waarop hij samenwerkte met Graham Nash, Stephen Stills en David Crosby, en natuurlijk *Harvest*. Ik was er die avond Van Dik Hout dankbaar voor dat dat weer de intro was. Toch kostte het me de rest van het optreden af en toe moeite om precies te verstaan wat Buitenhuis zong. Het kan aan de mix hebben gelegen, maar zijn teksten gingen soms ten onder in te veel muzikaal geweld. Gelukkig niet bij ieder liedje en zeker niet bij *Zij Maakt Het Verschil*, dat hij samen zong met Paul de Munnik, en ook niet bij een liedje dat ik nog niet kende. Van Dik Hout speelde dat voor het eerst in juni 2018 tijdens de *Nacht van de Vluchteling* en het heet *Zolang De Muziek Nog Klinkt*. Die avond zong Martin Buitenhuis het samen met zangeres Amber Gomaa (1988).

Zolang de muziek nog klinkt
Houden we de wereld buiten
Is er niets dat ons bedreigt
Straks weer
nu nog niet
Vergeet de tijd
Vergeet de pijn
Bij een lied dat ons bevrijdt

De cirkel is rond, en binnen die cirkel wil Martin Buitenhuis blijven, daar heeft hij de regie, daar kan hij de wereld inrichten naar zijn eigen wensen. Daar kan hij de oorlogen buiten de deur houden, doof blijven voor al het onrecht dat hij om zich heen ziet. Zijn muziek, de muziek van zijn groep, zijn wereld is niet alleen een toevluchtsoord voor hemzelf, maar voor iedereen die naar hem luisteren wil. Binnenin de cirkel van Martin Buitenhuis is de muziek die het mogelijk maakt stil in jezelf te worden en kan geluk een eeuwigheid duren.

17

Zolang Hij Speelt

Engel & Just feat. Jawek Kamstra

Radio. Greetje was dol op radio, vooral op muziekradio. De radio maakte haar ook een tikkeltje rusteloos. Ze had weinig geduld, gauw genoeg van een liedje. Dan liever snel weer wat anders. De radio stond bij ons altijd aan en we verschilden nogal eens van mening over wat een goed radiostation is. Greetje verdedigde Sky Radio. Geen nodeloos gepraat, geen muziek waar je de radio voor uitzet.

'Maar, schat,' zei ik dan, 'dat is toch grijze nonsensmuziek, fantasieloos, gebaseerd op de algoritmen van de gemiddelde luisteraar'.

Op zo'n moment kreeg ze een peilloze blik in haar grote, bruine ogen en ging op zoek naar een station dat we allebei leuk vonden.

Nu ik dit zo opschrijf vind ik het, achteraf, onuitstaanbaar van mij dat ik haar zo intimideerde met mijn bevooroordeelde mening. Maar dat zit in mijn karakter, ik vind het moeilijk om niet te zeggen wat ik vind, en al helemaal als het een onderwerp betreft waar ik verstand van denk te hebben.

Tegenwoordig luister ik veel naar Sublime, dat ik niet of nauwelijks kende toen Greetje nog leefde. Als ik er al eens naar luisterde vond ik het een weinig boeiende zender. Dat is nu veranderd, het station is opnieuw vormgegeven. Daar is vooral, weet ik nu, mijn oude kompaan Jaap Brienen voor verantwoordelijk (met hem maakte ik in de periode 2006-2013 *De Strepen van Spits* op Radio 2).

Jaap heeft lijn gebracht in de muziekprogrammering, hij is music-director sinds 2017, kiest op kwaliteit en laat de muziek zonder iets te zeggen een verhaal vertellen. Verhalen vol van jazz, soul en funk. Maar vooral vertegenwoordigt het station een levensstijl die aangenaam is, relaxed, eigentijds en optimistisch. De makers zelf noemen Sublime een *dromenfabriek*. Misschien is hun studio daarom van glas.

Die studio staat in de Werkspoorkathedraal in Utrecht. De directeur van Sublime heet Erik Hallers (1960). In 2014 kocht hij het kavel voor jazzmuziek en bedacht Sublime. Hij heeft, in navolging van twee Amerikanen, socioloog Paul Ray en psycholoog Sherry Ruth Anderson, gekeken naar de idealen die de generatie van de jaren zestig van de vorige eeuw uitdroegen. Die generatie wilde zuinig zijn op de aarde, dacht anders over geld en succes en vond dat er meer geïnvesteerd moest worden in onderwijs. Het was een generatie die nieuwsgierig was, voor gelijkheid stemde, van cultuur hield en creatief wilde zijn. In totaal kwam het Amerikaanse duo tot zeventien kenmerken. Met tien van die kenmerken als eigenschap mag je jezelf *cultural creative* noemen. Zo noemt Erik Hallers zich nu ook. Dat gedachtengoed, dat blijkbaar in zijn DNA zit, is de basis van Sublime en Hallers probeert er op deze zender een muzikale en inhoudelijke stem aan te geven.

Naast het gewone nieuws besteedt Sublime aandacht aan *nieuws van de vooruitgang*. Daarin wordt verteld wat er goed gaat in de wereld. Niet voor niets is een limoen opgenomen in het logo van Sublime, die staat voor groen plezier. Alles bijeen vertegenwoordigt Sublime een nieuwe visie op radio waarvoor, tot op dit moment, nauwelijks aandacht is geweest. Iedereen loopt maar achter de snelste en populairste programma's aan, maar een radiostation dat zich werkelijk onderscheidt, iets anders doet, risico's durft te nemen omdat het staat voor een maatschappelijk ideaal, dat zich bovendien niet bedient van radioclichés, wordt niet opgemerkt. Daar begrijp ik niets van. Sublime verdient op z'n minst een nominatie voor een Radioring.

Ik weet vrijwel zeker dat Greetje Sublime een prima station zou hebben gevonden. Ze draaien er Steely Dan, John Mayer, Wouter Hamel, Stevie Wonder en heel veel Prince, en ik maak er ook kennis met nieuwe artiesten die op de billboards van North Sea niet zouden misstaan. Misschien draaien ze ook wel *Engel* (Amsterdam, 1982, Steven Engel) en Just (Amsterdam,1983, Joost Adriaanssens) met *Zolang Hij Speelt*. Hoewel, Nederlandstalig hoor ik niet op Sublime, dat vraagt nog om aandacht. Want wat zou *Zolang Hij Speelt* goed klinken op die zender.

Het is een song waarin hoofdrolspelers in de jazz en de rap elkaar ontmoeten in een Amsterdams café. De tijd is stilgezet, het enige wat telt is de muziek, oude jazz die gedragen wordt door een drummer die met zijn brushes over de trommels veegt en een droeftoeter van een trompet, bespeeld door de Amerikaanse trompettist Matt Giella, die Steven Engel van Engel en Just via het internet leerde kennen. De song is sowieso op een wonderlijke manier tot stand gekomen, met horten en stoten. De bouwstenen voor het liedje waren er wel, maar er ontbrak nog een bouwmeester die er een geheel van kon maken. Dat werd uiteindelijk beatmaker Robbert Reus, die het onmogelijke voor elkaar heeft gekregen. Zie het als een LEGO-compositie.

Het mooist vind ik de trompettist, die de indruk wekt zijn hele leven niet anders te hebben gedaan dan noten blazen. Noten als druppels waarin beelden van het verleden zichtbaar worden. Vervormd weliswaar, maar toch, ik zie, ik hoor ze. Het houdt maar niet op zolang hij speelt: het langskomen van beelden waarvan ik niet eens wist dat ik ze heb opgeslagen, die uitsluitend met muziek te maken hebben. De ontdekking van de magische radio en de nog meer betoverende draaitafel, de pick-up. De eerste liedjes die ik hoorde van Elvis Presley, Pat Boone, Cliff Richard. De opkomst van The Beatles en de Stones. De zomer waarin ik Sgt. Pepper's helemaal uit mijn hoofd kende. De platen die ik ook kocht, maar die ik verborgen hield voor mijn vrienden: The Supremes, Frank Sinatra, Herb Alpert, Barbra Streisand. Met al die muziek is Greetje onverbrekelijk verbonden – zoals de muziek deel van mijn leven werd, werd zij dat ook, werd ze zelf, op haar beurt, onderdeel van die muziek. Ons leven hield gelijke tred met de platen die op onze draaitafel rondjes draaiden. Avonden achtereen hebben we geluisterd naar de muziek van Ramses Shaffy – we hielden allebei van Nederlandstalige liedjes – en Neil Young, niet te vergeten. Onze held. Steeds opnieuw zetten we hun platen op.

Muziek is meer dan decor, achtergrond, muziek verandert de wereld om je heen en kan hem opnieuw inkleuren. Daarom wil je niet dat die ophoudt, dat die nooit ophoudt. Daarom wil ik geloven dat de tijd stilstaat als de piano klinkt, als de trompet poëzie blaast en als het slagwerk de tijd terugslaat, als de stemmen van Engel en Just rappen dat het leven even pas op de plaats moet maken, dat ze alles vergeten als er muziek speelt:

En de klanken
Klinken als de glazen
Amsterdam gaapt
Maar niemand wil slapen
Want niemand wil morgen ontwaken
Neen

Liever bewaren we
De zorgen voor later
Dus we drinken er nog één
Proosten op het leven
En we zingen nog wat mee
Op de hele bar
Liggen viltjes volgetekend
En ik doe lekker mee
Krabbel zinnetjes als deze:
'zolang hij speelt'

Zolang de muziek speelt is de ochtend nog niet aangebroken, is de nacht nog niet voorbij. Dan is er net als bij Van Dik Hout sprake van een soort eeuwigheid, een bubbel waar je nooit meer uit wilt kruipen. Even gelukkig zijn, proosten op het leven. Engel en Just met singer-songwriter Jawek Kamstra op piano en trompettist Matt Giella spelen – terwijl ik dit schrijf – door, en door, en door... ik zou willen dat het nooit meer ophoudt.

18

Ken Je Mij

Trijntje Oosterhuis

Bent u er nog?

Er was geen plan, er is geen plan voor dit boek. De muziek geeft de richting aan en brengt me op een weg waarvan ik nooit heb gedacht dat ik die ooit zou kiezen. Maar het gebeurt. Als ik enige afstand neem en lees wat ik heb geschreven, zie ik tot mijn grote geluk dat in dat ruwe materiaal van woorden een beeld zichtbaar wordt van mijn geliefde Greetje. Hoe ik deze vorm zou moeten noemen? Monument klinkt te zwaar en zou bij haar ook niet goed zijn gevallen. Eerder zie ik die vorm als een foto die ik met mijn eigen ogen heb genomen. Het licht valt precies goed, de verlokkende donkerte van haar ogen is zichtbaar. Haar glimlach. De welving van haar rug. Haar ontroerend slungelige armen. Zo zie ik haar en zo wil ik haar onthouden. Maar ik besef daarbij verdraaid goed dat dit míjn foto is. Mijn zoons zouden een andere foto maken, met een andere belichting, een andere scherptediepte, andere kleuren, maar, en dat weet ik zeker, met evenveel liefde genomen. Want vaststellen wie een ander precies is, ook al is het je vrouw, je geliefde, je moeder, dat is afhankelijk van de invulling die je er zelf aan geeft. En misschien heb je de ander wel nooit helemaal kunnen doorgronden.

Het zijn vragen die me in deze dagen, nu de lente weer

is begonnen, nu de bloesems van de bomen waaien, de narcissen zijn uitgebloeid, de velden bespikkeld zijn met zongele paardenbloemen, nu het een jaar geleden is dat Greetje overleed, meer dan ooit bezighouden. Er komen ook vragen bij: of ik haar wel gelukkig heb gemaakt. Of ik haar niet veel te veel voor de voeten heb gelopen, wel genoeg heb geholpen om een leven te leven dat zich niet altijd in mijn schaduw afspeelde. Het zijn vragen waarop ik de antwoorden niet weet, of die ik misschien wel niet durf te beantwoorden. Want als ik ze zou bevestigen, zou ik ook moeten toegeven dat ik haar misschien niet altijd gelukkig heb gemaakt. Misschien is dat zo, maar daar wil ik van wegblijven, dat wil ik niet op mijn geweten hebben, dat is een onverdraaglijke gedachte.

> Ken je mij?
> Wie ken je dan?
> Weet je mij beter dan ik?
> Ken je mij?
> Wie ben ik dan?
> Weet jij beter dan ik?

Het is deze tekst die na de dood van Greetje vaak door mijn hoofd spookt. Toen ik het Trijntje Oosterhuis (1973) hoorde zingen tijdens haar eerdergenoemde jubileumconcert, toverde ze voor even de Ziggo Dome om tot een stiltegebied en besefte ik dat dit weleens het belangrijkste lied van deze verzameling zou kunnen worden. Vooral omdat in *Ken Je Mij* op een zeldzaam omzichtige wijze wordt gesproken over de betekenis van het leven en mogelijk ook over die van religie.

De tekst is van de vader van Trijntje, de dichter Huub Oosterhuis (1933), bekend van zijn vele religieuze liederen.

De liedtekst is gebaseerd op psalm 139, de verstilde muziek is van Stijn van de Loo. In een nieuwe uitvoering is het liedje te vinden op het album *Mensen Veel Geluk* (2018), waarop Trijntje Oosterhuis werk van haar vader zingt, waarbij ze kan leunen op de sierlijke zuilen die pianist Hans Vroomans uit zijn piano tovert.

De vraag *Ken je Mij* is een confrontatie, er spreekt twijfel uit. Je wilt zo graag dat iemand die van je houdt daar óók volledig voor kiest. Dat hij of zij alles van je, ook wat niet mooi is en wat niet deugt, van je accepteert.

Kan jij het hebben
Als niemand anders,
Dat ik geen licht geef
Niet warm ben
Dat ik niet mooi ben
Niet veel
Dat geen bron ontspringt in mijn diepte

Wie precies wordt bedoeld in dit lied, en dat is het mysterieuze ervan, blijft in nevelen gehuld. Het is een vader die over zijn kind nadenkt, maar er is ook de ideale geliefde van wie je hoopt dat hij je accepteert zoals je bent, met al je gebreken, met al je nukken. Aan wie je je naaktheid durft te tonen. Maar ik vermoed dat Huub Oosterhuis hier toch nog iets meer wilde zeggen, hij raakt met deze tekst aan onze existentie. Waartoe zijn we hier op aarde?

Want vervang het kind, de ideale geliefde, door God, en je ervaart de bijna mystieke kracht van deze woorden. Ik heb altijd gedacht dat ik daar ongevoelig voor ben, eerder heb ik al aangegeven dat ik van religie niet veel moet hebben. Maar dit is anders, dit is een vorm van universele religiositeit, dit overstijgt aardse religies, de tekst verheft zich boven al het dwangmatige gekrakeel en geeft de liefde het enige perspectief dat erbij hoort: puurheid, echtheid.

De liedjes van Huub Oosterhuis die mij bekend zijn, ken ik dankzij Trijntje en in sommige gevallen dankzij haar broer, Tjeerd, die er vaak de muziek bij schreef. Het kost me soms moeite om mijn aandacht bij de woorden te houden. Ze lijken weg te zweven van de alledaagsheid, ze brengen me naar een wereld, ik zeg het hier eerlijk, die ik niet zo goed ken. Maar ik voel, ik erken dat ze grote betekenis hebben omdat ik het idee heb dat het leven wordt opgetild, dat een woord als liefde haar werkelijke waarde terugkrijgt.

Een van de allermooiste en indringendste teksten, naast *Ken Je Mij,* is *Laat Ze Blijven,* waarop Huub Oosterhuis zijn stem verheft tegen het in zijn ogen hardvochtige asielbeleid van de Nederlandse overheid:

Laat ze blijven
Laat ze blijven
God en bijna iedereen
Staat aan hun kant

Op het album vallen de grote vocale kwaliteiten van Trijntje Oosterhuis nadrukkelijk op. Hier zingt ze klein, zoals ze dat noemen, slechts begeleid door een pianist, maar dat ze ook kan uithalen is onder meer te horen op haar albums met composities van Burt Bacharach. De laatste jaren legt ze zich vooral toe op Nederlandstalig repertoire. In 2017 verscheen *Leven Van De Liefde,* met coverversies van Nederlandstalige standaards, en in 2019 maakte ze *Dit Is Voor Mij*, een vurige collectie liedjes waarmee ze afrekent met een mindere periode uit haar leven en zich met toegankelijke, grappige, soms uitbundige, soms breekbare teksten presenteert als een zelfbewuste vrouw, en als moeder.

Hoe anders is het album waarop ze werk van haar vader zingt. De teksten zijn niet altijd even gemakkelijk, ook al niet omdat je heel goed moet luisteren naar wat er precies wordt bedoeld.

Ken Je Mij is een welhaast glazen constructie die met de grootst mogelijke toewijding is gecreëerd en die reiken wil naar het allerhoogste:

Ogen die door de zon heen kijken
Zoekend naar de plek waar ik woon

Het is alsof ik de breekbare, doorzichtige treden betreed van een trap waarvan ik hoop dat die naar de hemel zal leiden. Ik ben ervan doordrongen dat dit is waar het in het bestaan echt om gaat, dat wat ieder mens diep in zichzelf ook weet, maar daar niet, helaas – dat geldt ook voor mij – altijd naar leven kan. *Ken Je Mij* is een toetssteen, een ijkpunt, een levensdoel, het hoogste levensdoel, maar in de gang van het leven loopt dit ideaalbeeld deuken en krassen op, het raakt soms onherstelbaar beschadigd. Het is al heel wat als je al je oorspronkelijke doelstellingen op een of andere manier nog redelijk intact mee kunt nemen naar je laatste levensjaren.

Greetje en ik hielden van elkaar, dat weet ik zeker. Maar de vraag die Trijntje stelt, die Huub heeft bedacht toen Trijntje drie maanden oud was, die kan ik niet beantwoorden. Ik weet niet of ik Greetje heb gekend als diegene die ze in het diepst van haar wezen wilde zijn. Ik weet niet of ik al haar zwakheden en karaktereigenschappen altijd heb geaccepteerd. Eerlijk gezegd niet. Ik kon me ergeren aan haar boosheid, die soms plotseling de kop opstak, aan haar botheid ook. Maar wat overheerst is dat ik haar grappig vond, leuk, mooi, dat ik gelukkig was met wie ze voor mij was. Rest de vraag of ze mij heeft gekend zoals ik ben.

Ik denk het wel. Ze hield van mijn gektes en mijn wilde plannen, van mijn radiowerk. In haar ogen was ik een lieve vader, het grootste compliment dat ik ooit van haar kreeg. Dit mis ik nu misschien wel het meest: iemand om me heen die me beter kent dan wie ook. Die mij beter *wist* dan ikzelf. De afwezigheid van juist dat veroorzaakt de grote leegte.

19

Magistraal

Jan Rot

Na Greetjes overlijden kreeg ik ontelbaar veel reacties. Er was er ook een bij van zanger-liedjesschrijver Jan Rot. Hij stuurde me zijn album *Ik Hou Van Jou* (2011) en daarop had hij een liedje aangekruist waarvan hij hoopte dat het mij troosten zou. Dat deed het. Het heet *Jij Zal Bij Mij Zijn,* een walsje met een lieve tekst die er op neerkomt dat de gestorvene altijd in je nabijheid zal zijn:

Jij zal bij mij zijn
In goud van oud vertrouwde banen
Langs verloren liefdeslanen
Jij verschijnt

Het schrijftalent van Jan Rot is hier meteen zichtbaar. Hij speelt met het begrip Goud van Out, ooit bedacht door Rob Out van Veronica. Hij plaatst de woorden terug in hun oorspronkelijke betekenis. Oud is nu een bepalend woord bij 'banen' en heeft feitelijk niets meer met dat 'goud' te maken, met dien verstande dat Jan Rot het klankrijm van dat in onze taal ingedaalde begrip intact laat. Dat hij bovendien het alliterende woord liefdeslanen laat rijmen op banen bewijst ten overvloede dat hij talent heeft, en dat is nog bescheiden uitgedrukt.

Jan Rot ken ik zolang hij liedjes maakt. Al in het begin van de jaren tachtig, toen hij nog in het Engels schreef. Hij had indertijd succes met het vriendelijke *Counting Sheep*. Toen hij tot de conclusie kwam dat de Nederlandse taal voor hem eigenlijk veel geschikter was om zich uit te drukken, heeft hij zich daarop toegelegd. Sindsdien, vanaf 1990 zo lees ik in zijn boek *O Ja!* (2019), heeft hij een productie gehad waar de gemiddelde tekstdichter in een heel leven nog niet aan toekomt. Jan Rot lijkt wel bezeten, en dat is hij ook. Hij is de koning van de hertalers. Geef hem een liedje en hij zet het om in het Nederlands, vaak met een nieuwe wending, een nieuwe plot. Maar altijd verfijnd, smaakvol, inventief en meestal vernieuwend.

Maar er valt meer over hem te vertellen. Hij componeert ook en schrijft er indrukwekkende teksten bij. In 2016 kreeg hij de Annie M.G. Schmidtprijs voor *Stel Dat Het Zou Kunnen*, waarin hij zingt dat hij het liefst van alles in deze wereld zijn overleden moeder weer eens zou willen ontmoeten.

Ach, dat zou ik ook zo graag willen.

Het terras van het Onze Lieve Vrouweplein in Maastricht. Een zonnige dag in april, 2019. Drie tafeltjes schuin voor me zaten drie vrouwen. De een wat ouder dan de andere twee. Wat ik zag schokte me. Het was de zoveelste keer dat ik tijdens mijn bezoek aan Limburg een soort mystieke ervaring beleefde. Want die oudere vrouw was precies mijn moeder. Dunne lippen, een grote moderne bril, een onderkin die wat schuin naar de hals toeliep. In mimiek en gebaren haar evenbeeld. Dezelfde handen. Ik wilde naar haar toe lopen. Waarom keek ze niet? Zag ze dan niet dat haar zoon hier zat? Was het de gloed van de kaarsen van de Sterre der Zee-basiliek in de kerk op het

Onze Lieve Vrouweplein die me zo in de war bracht?
Ik wist het niet.
Ik rekende af en liep het terras af, naar het tafeltje.
Daar bleef ik staan en zei tegen de vrouw: 'Ik ben nog nooit iemand tegengekomen die zo op mijn moeder lijkt.'

Idioot, natuurlijk, en toen ik haar zo van dichtbij zag, wist ik dat ze het onmogelijk kon zijn: mijn moeder overleed in 2008. Tja, dit soort verhalen heb ik altijd weggelachen en nu vertel ik ze zelf. Maar even – mijn moeder kon goed luisteren – met haar praten, over Greetje… Net als Jan Rot zou ik er heel wat voor over hebben gehad.

Neen, geef me maar een uurtje
Met mijn eigen moeder
Mijn lieve, lieve moeder,
Ze is al zo lang dood
Dan kroop ik in haar armen
En zij streek door mijn haren
En zei met milde spot
God, kind wat ben je groot

In maart 2019 kreeg ik een vraag van een journalist van *Nieuwe Revu* voorgelegd: of ik er een verklaring voor had waarom Jan Rot nog nooit een grote hit had gehad. Ik reageerde als volgt:

Voorop staat dat Jan Rot een van de meest vaardige en taallenige tekstdichters van Nederland is. Hij is in staat in toegankelijke taal ons te verrassen met oorspronkelijke gedachten. Zijn jongste album Magistraal *is misschien wel het beste dat hij heeft gemaakt.*

Geestige, levenswijze en ontroerende teksten. In Het Beste Moet Nog Komen *van dat album bijvoorbeeld, kijkt hij met een optimistische blik naar de toekomst. Blijf geloven in je dromen, zingt-ie. Een grote hit scoren is al zolang ik hem ken een van die dromen. Daar moet hij ook vooral in blijven geloven. Ik ga niet zeggen waarom het niet zou kunnen lukken. Wat dat betreft ben ik net zo'n dromer als Jan: 't kan altijd gebeuren.*

Jan Rot is geobsedeerd door hits. Door ze te analyseren, tegen het licht te houden, te hertalen, probeert hij het geheim ervan te achterhalen. Maar zo werkt het natuurlijk niet. Een hit is niet maakbaar, een hit ontstaat. Compositorische en tekstuele aspecten spelen vanzelfsprekend een rol, maar een hit moet ook de juiste context hebben, goed landen in een samenleving, zoals dat tegenwoordig heet. Dat zijn factoren die je niet kunt regisseren, die zijn onvoorspelbaar. Maar stel dat het wel zou kunnen, Jan Rot zou allang een hit hebben gescoord. Met zijn kennis, die je rustig wetenschap mag noemen, was dat zeker gelukt. Er is echter nog een ding dat Jan niet in de hand heeft – het kost me werkelijk moeite om dit te zeggen, maar ik vind dat ik het toch moet doen – Jan is nu eenmaal niet de gedroomde zanger. Zijn stem klinkt een tikkeltje nasaal en je kunt horen dat hij moeite heeft met de hoge noten. Niet dat hij vals zingt, geenszins, maar je hoort dat het niet vanzelf gaat, dat hij er hard voor moet werken. Dat weet hij zelf natuurlijk ook. In zijn hitlaboratorium moet hij die variabele zijn tegengekomen. Maar zoals wetenschappers soms doen, ze verbijzonderen wat ze niet uitkomt, ze zetten het tussen haakjes. Aan dit aspect gaat hij dus manmoedig voorbij. Zo belangrijk is het voor hem een lied te schrijven dat de wereld verder op de lippen draagt. Dat hij die droom nooit mag opgeven. Dat meen ik. Omdat ik het hem zo gun.

Ik wil zeker niet uitsluiten dat hij zijn doel ooit bereikt. Op *Magistraal* (2018) klinkt Jan Rot beter dan ooit en heeft hij een verzameling liedjes bijeengebracht die zo bont en veelzijdig is dat het lijkt alsof ik in de glanzende etalages van De Bijenkorf kijk.

De titel, *Magistraal*, is een goed voorbeeld van het tekstuele vernuft van Jan Rot, maar het is ook een liefdeslied waarin hij moet toegeven dat zijn talent ontoereikend is om zijn liefde allesomvattend te verwoorden:

Ik hou van grote woorden
En ik ken ze allemaal
Fabuleus, fantastisch, grandioos en kolossaal
Maar kijk ik in je ogen
Zijn die woorden zo banaal
Mijn liefde is oneindig
veel groter dan verbaal

(...)
Jij bent te magistraal
voor taal

Jan Rot speelt in dit liedje niet alleen met de rijmklank 'aa', het is ongelooflijk hoeveel woorden hij tevoorschijn tovert die rijmen op magistraal, maar hij heeft ook werkelijk iets te melden. Natuurlijk is het grappig wat hij zingt, maar ook geeft hij aan wat iedere schrijver, iedere dichter, iedere singer-songwriter zal erkennen: het is onmogelijk de liefde zo in taal te vangen dat ze kan wedijveren met wat je werkelijk voelt.

Inmiddels ben ik al negentien hoofdstukken bezig om te beschrijven, uit te leggen, te verklaren wat er in me omgaat sinds Greetje is overleden. Met alles wat ik in me heb probeer ik haar de woorden te geven die ze verdient, zonder dat het larmoyant wordt, of iets om me voor te schamen. Toch besef ik bij ieder woord dat ik toevoeg dat het ontoereikend is. De schoonheid van mijn poging ligt, hoop ik, in mijn ultieme wens haar via een brug van woorden terug te vinden. Immers, ze is al zo ver weg, ik zie nog slechts afschaduwingen van haar gestalte. Een 'hallo' in een winkel doet me opschrikken, omdat ik denk dat zij het is. Hetzelfde overkomt me als ik een handdoek niet heb opgehangen, of als ik mijn sleutels kwijt ben.

De herinneringen zijn gebleven: een lief woord, een streling, zomaar een lach, maar zelfs die kan ik nauwelijks overbrengen. Waarom ik het dan toch probeer? Omdat het de enige manier is, en ik denk niet alleen voor mij, maar voor iedereen die met een groot verlies te maken heeft gekregen.

Een van de meest indrukwekkende boeken die ik over dit onderwerp heb gelezen is *I.M.* van Connie Palmen. Het verhaal dat ze vertelde, moest vertellen, na de dood van haar grote liefde, Ischa Meijer. Ik wil me natuurlijk in geen enkel opzicht vergelijken met deze in mijn ogen beste schrijver van Nederland, maar toen ik haar boek las dacht ik: zo kan het dus, zo moet het dus. Het is Palmen gelukt een beeld te schetsen van haar liefde, de betekenis daarvan voor haar leven, en de onmacht die haar overviel toen hij stierf. Het verlammende gevoel van verdriet. De leegte die je opvult met herinneringen.

Maar het erge is dat de dood van Greetje daar voor mijn gevoel ook aan heeft geknaagd, aan die herinneringen, dat alles besmet is geraakt. Overal zijn randjes van afgeknabbeld en bij alles denk ik: maar ze ís dood.

Ik wil schrijven tot ik haar terugvind, ik wil huilen totdat het dal waarin ik terecht ben gekomen volstroomt met mijn tranen zodat ik naar haar toe kan zwemmen.

Neemt u het mij maar niet kwalijk, ik draaf soms door. Maar soms moet dat. Mij ontbreken, net als Jan Rot, de juiste woorden. Maar Jan blijft het proberen en, als het van u mag, ik ook.

20

Die Zelfbedachte Hemel

Frank Boeijen

In de lente van 2019 trok ik me enkele dagen terug in een hotel in Vaals, Zuid-Limburg. Ik wist nog dat ik het er mooi had gevonden toen ik er jaren geleden met Greetje was. Het viel inderdaad niet tegen. Zachte heuvels, vriendelijke dalen, een zon die grillige, grijsfluwelen wolkengebouwen in stralende steigers zette. Boven het landschap zweefden roofvogels op zoek naar voedsel. Kleine kerkdorpjes, waar altijd wel een café te vinden was, waar altijd wel een bord op straat stond met de mededeling dat je er asperges kon eten. Mooie fietspaden, die ik tot mijn grote voldoening bij het stijgen en dalen bleek aan te kunnen. Overal hoorde ik de zachte klanken van het Limburgs, dat onze taal toch net iets meer melodie geeft.

In Vaals kocht ik voor mijn kinderen en kleinkinderen wat ansichtkaarten en postzegels. Toen ik naar die zegels keek, stond mijn hart even stil. Bijgelovig ben ik niet, daar ben ik te nuchter voor, maar op dat moment, op het punt dit boek af te ronden met een liedje van Frank Boeijen, met op mijn netvlies de foto van een mooie Limburgse dag, zag ik op de postzegels de hoes afgebeeld van het album dat de Frank Boeijen Groep maakte in 1985, *Foto Van Een Mooie Dag*. Mijn verstand zei dat het toeval was, mijn gevoel vertelde me iets anders: dit móest zo zijn. Vlakbij hoorde ik homerisch gelach, ik kon alleen niet bepalen waar het vandaan kwam. Misschien wel uit de door mij zelfbedachte hemel.

Frank Boeijen stuurde me na de dood van Greetje heel wat Whatsapp-berichten om me sterkte te wensen met het verlies van Greetje. En dat niet alleen. Hij nodigde me samen met zijn vrouw Agnes uit om naar Nijmegen te komen, wat ik op een mooie zomerse dag ook deed. Ze namen me mee uit eten en luisterden naar mijn verhalen over Greetje. Ik hield, geloof ik, niet meer op met vertellen, ik kon Greetje tot leven praten omdat ze echt wilden horen wie ze voor mij is geweest. Het werd zo'n bezoek dat ik nooit meer vergeten zal.

Eerder had Frank Boeijen me een nieuw liedje gestuurd waarvan hij dacht dat het voor mij wat betekenen zou. De tekst overrompelde me, het was alsof ik naar een reusachtig schilderij keek waarop de schilder met wilde en woeste gebaren verfklodders had aangebracht. Veel donkere kleuren, met ertussenin het benevelde licht van de maan:

De maan die schijnt
In de oude stad
waar de tijd
zomaar voorbij was

De maan zet de oude stad – Nijmegen, in dit geval, de stad waar Frank Boeijen is opgegroeid, waar hij nog altijd woont en waarmee hij zich verbonden voelt – in een macaber licht. Hoe oud de stad ook is, zelfs Nijmegen kan je geen eeuwig leven garanderen, je tijd kan zomaar voorbij zijn. Frank Boeijen schreef namelijk een liedje over het einde van een leven, iets waar we geen van allen aan willen denken. De dood willen we immers op afstand houden. Praat niet over de dood:

Schrijf geen lied meer over het eind
Wil dat je bij me blijft

Geloof niet in de werkelijkheid
Die is verdwenen
In een eindeloze droom

Schrijf er geen liedje meer over, zingt-ie. Je moet geloven in het nu, niet dat het leven op een dag is afgelopen. Alle woorden die hij in dit nummer gebruikt zijn zwart van angst en bleek van ontkenning. Tegelijkertijd is de ondertoon ironisch, ik beluister spot als hij zingt:

Ten onder gaan we allemaal
daar is niets aan te doen
Wacht op ons
wie gaat eerst?
Wat staat ons te wachten
In die zelfbedachte hemel?

Die hemel hebben we ingekleurd met onze fantasie, het is een gegeven waar we ons aan willen vastklampen, zo lang mogelijk, maar diep in ons hart weten we dat het grote zwarte gat wacht, we razen er met een noodgang op af.

Wat staat ons te wachten
in die zelfbedachte hemel?
van mijn gedachten
Die als een voortrazende trein
Van mijn herinnering
Tevoorschijn komt
Beneden de rivier
Gebroken stad
Met zijn gebroken hart
Alleen, alleen, alleen, alleen
Niemand, niemand, niemand...

Die gebroken stad zie ik voor me, het gebroken hart in witte en rode brokstukken. De maan laat er spookachtig licht op vallen. In de verte gloeit de Noordster, die het landschap van de dood zo lang mogelijk verblindt met herinneringen.

Of het liedje me troost? Het doet me eerder huiveren, het voorspelt onheil. Het creëert een angstbeeld en correspondeert met mijn verbazing en verwondering over de wereld zoals ik die nu zie. Als ik in een café zit – en dat is nieuw voor mij – schat ik de leeftijd van de bezoekers, probeer te raden hoe oud ze ongeveer zijn. Maar in dezelfde adem duw ik de toekomstvisoenen die daarmee gepaard gaan ver van me af.

Als ik door een drukke winkelstraat loop en mijn blik laat gaan over de mensenmassa kan ik me goed voorstellen dat Greetje daar gewoon tussen loopt. Zo op het oog is de wereld niet veranderd, de dood slaat een gat dat onmiddellijk weer wordt opgevuld. Immers, ziet het Limburgse heuvelland er anders uit nu ik er doorheen fiets? Welnee. De bomen zullen er een jaar eerder ook hebben gestaan, de wolken zullen in vorm niet erg verschillen van die van vorige jaren. Dat geldt zeker – ik heb hem gezien – voor de oudste boom van Vaals, een reusachtige beuk met een kroon die mij dwong om mijn hals te strekken.

De wereld lijkt Greetje niet te missen, ik mis haar:

De bomen die aan de hemel raken
de vogels die een duikvlucht maken
een vuilniswagen rommelt in de straat
Een kind dat op een schommel staat

Hoge pluimen boven het gras
Alles lijkt zoals het was

De wolken die langs de hemel drijven
vliegtuigen die hun strepen schrijven
Een hovenier schoffelt een terrein
Een hond die bij zijn baas wil zijn

Hoge pluimen boven het gras
Alles lijkt zoals het was

De regen die langsraast in haar vlagen
de winden die het blad opjagen
De marktkoopman handelt op het plein
Een vrouw die de was hangt aan de lijn

Hoge pluimen boven het gras
Alles lijkt zoals het was

De zonnestralen die ons komen warmen
De mensen die elkaar omarmen
Het feestgedruis laat in de nacht
Het meisje dat tegen een jongen lacht

Hoge pluimen boven het gras
Alles lijkt zoals het was

Alles lijkt zoals het was. Inmiddels weet ik hoe de natuur, de omgeving, alles eigenlijk, mij bedriegt. Want niets is meer wat het was. Maar dat is niet iets wat je waarneemt, dat voel je.

Hoe nu verder?

Dat is de vraag die mij bezighoudt. Hoe kan ik verder in dit leven? Op een of andere manier wil ik mijn herinneringen aan Greetje bij me houden, maar ik wil niet de wereld om mij heen voortdurend belasten met mijn verdriet. Toch merk ik dat dat gebeurt. Laatst was ik bij vrienden die informeerden hoe het met me ging. Ze zagen aan mij – ik zei het ook – dat het niet zo goed ging. Ik zag ze ervan schrikken. Dat wil ik natuurlijk niet. Moet ik dat mijn vrienden kwalijk nemen, nee, natuurlijk niet. Ik moet het voor mezelf op orde zien te krijgen, zonder Greetje heilig te verklaren voor de buitenwereld, die dat niet zou begrijpen, maar wel voor mezelf, voor mijn kinderen. Mijn kleinkinderen.

'Bent u wie ik denk dat u bent?'

In restaurant De Zwarte Madonna, dat onderdeel is van Museum Vaals, kwam een man in een zwartroodgeblokt houthakkershemd – hij leek een beetje op Raymond van het Groenewoud – op me af.

'Ik weet niet wie u denkt dat ik ben,' zei ik, omdat ik het nog altijd verdraaid lastig vind als mensen me benaderen omdat ze me herkennen, 'maar ik vrees dat ik ben wie u denkt dat ik ben.' Ik schep er altijd aardigheid in om het een beetje geheimzinnig te houden.

'Wat geweldig,' zei de man, 'weet u dat ik u brieven schreef in de jaren zeventig, toen u nog een nachtprogramma had?'

'Nee,' antwoordde ik naar waarheid, 'dat herinner ik me helaas niet.'

'Ik studeerde meao en ik kon alleen maar 's nachts leren en dan was u op de radio.'

Lang geleden, besefte ik.

'Mijn naam is Gert van Weerd en ik ben directeur van dit museum. Het is jammer dat ik hier schnitzels moet bakken om mijn hoofd boven water te houden, maar dat heb ik er graag voor over. Dat museum is mijn passie. Mag ik u het museum laten zien, dat zou ik heel graag doen.'

'Dat zou ik erg fijn vinden,' zei ik.

'Akkoord. Als u uitgegeten bent neem ik u mee.'

Na de maaltijd ging de man me voor in het tot museum omgebouwde oude klooster. Er stond een grote verzameling heiligenbeelden, sommige meer dan anderhalve meter hoog. Ik geloofde mijn ogen niet. Niet alleen de lengte verbaasde me, ook de hoeveelheid. Het waren er honderden.

'Ik heb er nog veel meer in Hoensbroek,' zei Van Weerd. 'Weet u, ik ben van huis uit protestant, maar toen ik op een markt een kindeke Jezus kon kopen, kon ik het niet over mijn hart verkrijgen dat kleine ventje aan zijn lot over te laten. Het betekende het begin van een verzameling. U moet niet vergeten dat toegewijde katholieken vroeger allemaal wel een icoontje in huis hadden, of een Mariabeeldje, een Christus aan het kruis, rozenkransen. Huisdevotie noem ik dat. Dat bestaat nauwelijks meer, maar is het niet zonde om weg te gooien wat voor onze voorouders zoveel betekend heeft? Waar ze zich aan vastklampten. Wat troost bood.'

Ik keek om me heen. Heiligbeelden zo ver het oog reikte, naast elkaar opgesteld als een erehaag richting hemel. In de meest wonderlijke kleuren en met gezichten die devoot omhoog- of omlaagkeken. Ik zag een beeld van Rochus, de heilige van de zieken en verzorgenden, van Barabara, de beschermheilige van de mijnwerkers, de heilige Antonius, die terugvindt wat is zoekgeraakt, en ik zag Christoffel, met een kind op zijn schouder, de heilige van de reiziger. Er klonk Gregoriaanse muziek. Opeens kon ik me voorstellen dat...

'Frits, als je het maar laat! Je gaat me hier echt niet neerzetten!'

Nee, dat kan ik niet doen, natuurlijk niet, dat zou bespottelijk zijn, maar, laat ik het anders zeggen, ineens bedacht ik dat *Die Zelfbedachte Hemel* ook een bron is van inspiratie, misschien wel de enige manier om je te verzoenen met de dood. Iedereen die is gestorven, wordt daar heilig verklaard. Zou dat geen troost zijn?

Daar moet ik, daar moet u, toch verder mee kunnen.

Laren, voorjaar 2019

Bronvermelding

Taalkunstenaars – Diggy Dex (Nieuw Amsterdam, 2019

Diggy Dex: Van podium naar pluche –Machiel Coehorst, *Amersfoortse Courant*, 31 mei 2018

Koen Jansen, ofwel Diggy Dex trapt zijn nieuwe theatertour af in thuisstad Amersfoort, Metro, 30 mei 2018

Chansonrapper gaat de theaters in, Delftse Post, 23 mei 2018

Slotact voor het wij-gevoel, Iris van den Boom, *Amersfoortse Courant*, 17 april 2019

Diggy Dex nog niet op de helft van zijn carrière, Ren Vorderman, *De Gelderlander*, 14 december 2017

'Street? Neen joh, ik ben een burgerlijke jongen', Erik Voermans, *Het Parool*, 27 november 2017

Diggy Dex in *De Taalstaat* (KRO-NCRV, NPO Radio 1, 1 december 2018)

De Paardenkop van Kommil Foo, Het Nieuwsblad, aan Gent gebonden editie, 4 oktober 2018

Alles hoort dubbel te zijn, Provinciale Zeeuwse Courant, 20 september 2018

Anatomische studie naar goed en kwaad, Kirsten van Santen, *Leeuwarder Courant*

Mooie liedjes duren het langst, Karel Michiels, *De Standaard*, 9 januari 2017

We zijn allemaal wolven, Karel Michiels, *De Gazet van Antwerpen*, 29 februari 2016

Interview met Kommil Foo, Rinske Wels, *Trouw*, 19 februari 2016

Surrealistische strijd tussen lust en intellect subliem verbeeld, Mike Peek, *Het Parool*, 7 oktober 2014

Kommil Foo wint Dirk Witte Prijs, Dagblad De Zaanstreek, 17 november 2015

Walschaerts in intimistisch mooi kleinood, Ron Rijghard, *NRC Handelsblad*, 19 november 2014

Kommil Foo in *De Taalstaat* (KRO-NCRV, NPO Radio 1, 5 augustus 2017)

Terug van weggeweest, De Limburger, 15 november 2018

In Haarlem staan we al met 1-0 voor, Jan J. Pieterse, *Haarlems Dagblad*, 8 mei 2018

Veldhuis & Kemper opgefrist terug, Metro, 19 april 2018

Laveren tussen een lach en een traan, Cilla Geurtsen, *Leeuwarder Courant*, 26 maart 2018

Veldhuis & Kemper meer dan ooit zichzelf na anderhalf jaar artistieke pauze, Arno Gelder, *Algemeen Dagblad*, 15 januari 2018

Veldhuis en Kemper op dreef na een sabbatical, Dick Zijp, *NRC Next*, 15 december 2017

Spinvis in spagaat, BRUZZ, 17 mei 2019

Niets ligt zo dicht bij muziek als dans, Francine van der Wiel, *NRC Next*, 7 maart 2019

Spinvis komt naar een zaal in uw buurt. Maar niet als Spinvis, Elmo Lê Van, *De Morgen*, 26 december 2018

De punk-attitude van Spinvis, Marco van Kampen, *Limburgs Dagblad*, 16 augustus 2017
Spinvis, *Utrechts Nieuwsblad*, 8 maart 2018
Maar er zijn toch wel dingen wel waar, en wel mooi?, Toef Jaeger, Peter Zantingh, Lars van den Brink, *NRC Next*, 14 juli 2018
Hier vraagt niemand waarover ik zing, *Gazet van Antwerpen*, 13 oktober 2017
Muziek moet ook mooi zijn, Gunter Jacobs, *Het Belang van Limburg*, 2 november 2017
Hijlco Span in gesprek met Spinvis in *De Taalstaat* (KRO-NCRV, NPO Radio 1), 29 april 2017
De Taalstatus van Sylvia Witteman (Podcast NPO Radio 1: 8 februari 2018)
De Taalstatus van Jessica Durlacher (Podcast NPO Radio 1: 15 februari 2018)
De Taalstatus van Henny Vrienten (Podcast NPO Radio 1:22 februari 2018)
Wende geeft 'Mens' meer lucht, Erik Krebbers, *De Twentsche Courant Tubantia*, 15 november 2018
'Ik proost op troost', Herman Veenhof, *Nederlands Dagblad*, 16 maart 2018
Wonderlijk geestverruimend, Mark Roos, *ASD*, 10 maart 2018
Maar niet voor jou, Leon Verdonschot, *De Groene Amsterdammer*, 8 maart 2018
Zoveel waardevols om nog eens te zien, Marjolijn de Cocq, *Het Parool*, 17 november 2018
De verscheurde ziel van Weill en Wende, Joost Galema, *NRC Next*, 22 oktober 2018
Wende laatste winnaar van Sylvia Kristel Award, Rolf Bosboom, *BN/De Stem*, 30 augustus 2018
Wende Snijders wint Annie M.G. Schmidtprijs met lied 'Voor alles', Henk van Gelder, *NRC Handelsblad*, 15 april 2018
Wende Snijders duikt in roerig verleden, *Dagblad van het Noorden*, 28 oktober 2017
'Ik ben nu 38 en dan vraag je je af: klopt dit allemaal wel?', Yannick Verberckmoes, *De Morgen*, 17 april 2017
Van verstild naar hardcore, Louis Gauthier, *Haarlems Dagblad*, 18 april 2018
Haar grenzen te buiten, Karolien Knols, *de Volkskrant*, 3 maart 1017
'Naakt voor de camera is niet mijn ding', Ab Zagt, *Algemeen Dagblad*, 5 februari 2015
Gesprek met Wende Snijders in *De Taalstaat* (KRO-NCRV, NPO Radio 1, 17 maart 2018)
Gesprek met Rob de Nijs in *De Taalstaat* (KRO-NCRV, NPO Radio 1, 27 oktober 2017)
Niet Voor Het Laatst, documentaire over Rob de Nijs door Leon Verdonschot, *AVRO-TROS*, 6 december 2018
Rob de Nijs is 'voor altijd en iedereen', *Noordhollands Dagblad*, 17 december 2015
Rob de Nijs is 75…, Herman Veenhof, *Nederlands Dagblad*, 8 maart 2019
Deze keer niet tevergeefs wachten, Harry Weerts, *Eindhovens Dagblad*, 11 mei 2018
'Denk maar niet dat je van me af bent', Dennis Jansen, *Algemeen Dagblad*, 22 december 2017
Bij Rob de Nijs is het: hoe ouder hoe beter, Johan Bakker, *Nederlands Dagblad*, 24 november 2017
Bijna 75, maar Rob de Nijs neemt geen gas terug, Jolien Boeckx, *Het Laatste Nieuws*, 8 november 2017
Maar als ik een Anouk-moment van 2018 mag kiezen, Angela de Jong, *Algemeen Dagblad*, 16 november 2018

Anouk openhartig over haar drank- en drugsgebruik: 'Optreden wordt steeds moeilijker', *Nieuwsbrief Libelle*, 7 november 2018
Anouk schreeuwt haar verdriet en geluk uit, Yaël Vinckx, *NRC Handelsblad*, 22 september 2009
Anouk met Birds *in finale Songfestival*, Loes Reijmer, *de Volkskrant*, 15 mei 2013
'Mijn verlangen naar liefde is beschadigd', Amanda Kuijper, *NRC Handelsblad*, 14 oktober 2013
Liedjes als handelsmerk, Leontien van Engelen, *Haarlems Dagblad*, 10 december 2015
De wereld van magie waaiert te breed uit, Dick Zijp, *NRC Handelsblad*, 20 juni 2018
Innemend maar ook vilein, Rolf Bosboom, *BN/De Stem*, 1 september 2016
Magisch absurdisme, Haroon Ali, *de Volkskrant*, 17 februari 2018
'Onzekerheid is mijn grootste vijand', Ron Kosterman, *Elseviers Weekblad*, 17 maart 2018
Samen willen zijn, maar ook een individu, Iris Pronk, *Trouw*, 3 november 2018
Gesprek met Yentl en de Boer in *De Taalstaat* (KRO-NCRV, NPO Radio 1, 11 augustus 2018
Raymond laat ons lachen en huilen, Bart Wijlaars, *De Telegraaf*, 11 februari 2019
'Ik ben dame Fortuna dankbaar dat ik kan wat ik wil doen', Greg van Roosbroeck, *Gazet van Antwerpen*, 28 november 2018
Dan weer te blij, dan te ernstig, Machiel Coehorst, *Algemeen Dagblad*, 7 februari 2019
Tourist LeMC komt try-outen, *Het Laatste Nieuws*, 10 december 2018
Gesprek met Raymond van het Groenewoud in *De Taalstaat* (KRO-NCRV, NPO Radio 1, 9 februari 2019)
Zoutelande, Roeland van Mourik, *Nederlands Dagblad*, 27 juli 2018
Waarom 'Zoutelande' zo populair is, Eymeke Verhoeven, *Nederlands Dagblad*, 25 juli 2018
Makelaar aan Bløf: 'Kom hier wonen!', Bob Maes, *BN/De Stem*, 4 mei 2018
Duits-Belgisch-Nederlandse hit; Bløf's lange weg naar succes in Vlaanderen, Robin Broos, *De Morgen*, 19 maart 2018
'We bereiken nu jong en oud, fantastisch', Amanda Kuyper, *NRC Handelsblad*, 14 februari 2018
Niet uitgewoond of uitgeluld, Jacques J. d' Ancona, *Dagblad van het Noorden*, 28 maart 2019
Youp van 't Hek (net 65) trots op zijn theatershow 'Met de kennis van nu', *De Limburger*, 1 maart 2019
Zijn voeling met de tijdgeest is Van 't Hek grotendeels kwijt, Ivo Nieuwenhuis, *Trouw*, 1 maart 2019
Lachen met 'Wassenaarse botoxteefjes', Jeroen Schmale, *Algemeen Dagblad*, 28 februari 2019
'Ik doop mijn pen in mijn hart', Roelf Jan Duin, *Het Parool*, 28 februari 2019
Een zelfportret van 'Gooische kakker', Youp van 't Hek, Henk van Gelder, *NRC Handelsblad*, 28 februari 2019
'Rennen doe ik niet meer', Jeroen Schmale en Arno Gelder, *Algemeen Dagblad*, 26 februari 2019
Youp breekt alle records, *Het Parool*, 3 november 2018
Youp als beroep, Youp van 't Hek (Thomas Rap, Amsterdam, 2019)
De Neerkant – Kronieken 1970-1980, Ernst Jansz (In De Knipscheer, Haarlem, 2017)

Ernst Jansz: 'We zijn wel oud, maar swingen nog de pan uit', *Streekblad Zoetermeer*, 24 januari 2019
Klanken van oorsprong, documentaire van Hetty Naaijkens-Retel Helmrich (*VPRO*, 2018)
De eiken zijn er groen en de sterren helder, *Eindhovens Dagblad*, 20 juni 2018
De hippies van de Neerkant, Jan Cuijpers, *De Limburger*, 26 april 2018
Nijland zingt over frustraties en nostalgie, Dick Zijp, *NRC Next*, 22 februari 2019
Een gentleman in taal, Jacques J. d' Ancona, *Dagblad van het Noorden*, 22 januari 2018
Oudemannengebrom: Vroeger was alles beter, Ivo Nieuwenhuis, *Trouw*, 18 februari 2019
'Ik zing niet meer over liefde', Esther Kleuver, *Noordhollands Dagblad*, 22 februari 2019
'Ik heb oog in oog gestaan met de dood. Nou, woehoe', Haro Kraak, *de Volkskrant*, 9 november 2016
'Ik kon de dood accepteren', Rajko Disseldorp, *Het Parool*, 12 oktober 2016
'Drie van die oude gasten bij elkaar en dat je dan voelt "we leren dingen"', Menno Pot, *de Volkskrant*, 8 december 2017
Nieuwe plaat Kostgangers, *Algemeen Dagblad*, 21 december 2017
Ongedwongen onderonsje van drie nederpop-iconen, Peter van der Heide, *Dagblad van het Noorden*, 26 februari 2018
'Live spelen is ons levenselixer', Bart Steenhaut, *Gazet van Antwerpen*, 7 april 2018
'Een spelend leven houdt je jong', Peter van Brummelen, *Het Parool*, 22 november 2017
'Geen tijd te verliezen', Stefan Raatgever, *Algemeen Dagblad*, 23 november 2017
Vreemde kostgangers zijn vrije kostgangers, Herman Veenhof, *Nederlands Dagblad*, 1 december 2017
'Ik hou wel van wat aftakelen', Steven Swinnen, *Het Laatste Nieuws*, 23 maart 2019
De stem van het jaar, Rixt Oenema, *Leeuwarder Courant*, 30 december 2017
De kunst van het wachten, Arno Gelder, *De Limburger*, 23 december 2018
De geboorte van de 2018-soundtrack, Jantien de Boer, *Leeuwarder Courant*, 21 april 2017
Nynke Laverman zingt tijdens staatsbezoek aan Portugal, Rixt Oenema, *Leeuwarder Courant*, 11 oktober 2017
In de taal en in het landschap schuilt de Friese ziel, Sandra Kooke, *Trouw*, 25 januari 2018
'Die mijmertijd heb ik nodig', Nynke Sietsma, *Trouw*, 8 september 2018
Zangeres Nynke Laverman heeft veel meer in huis dan Friese fado, *Algemeen Dagblad*, *De Limburger*, 23 november 2018
Soundtrack voor Culturele Hoofdstad, *Dagblad van het Noorden*, 21 april 2017
Set dyn tosken yn in nije tiid, Klaas Sietse Spoelstra, *Leeuwarder Courant*, 29 mei 2017
Gesprek in *De Taalstaat* (KRO-NCRV, NPO Radio 1, 27 januari 2018)
Een verhaal vertellen, in liedjes, Jacob Haagsma, *Leeuwarder Courant*, 6 december 2018
Martin in het kort, *Leidsch Dagblad*, 28 oktober 2017
'Stil in mij', Cees de Geus, *Leidsch Dagblad*, 28 oktober 2017
'De muziek zit in onze ziel', Rajko Disseldorp, *Het Parool*, 20 april 2017
Elke zin een rake klap, Jan Vriend, *Leidsch Dagblad*, 1 juni 2019
De sensatie van 'Stil in mij', *Leidsch Dagblad*, 27 december 2018
Van Dik Hout viert jubileum in Alkmaar, *Noordhollands Dagblad*, 7 mei 2019
'Vrijheid is kwetsbaar', *IJmuider Courant*, 2 mei 2019
Van Dik Hout viert jubileum in Carré Amsterdam, *Dagblad van het Noorden*, 2 maart 2019

Gesprek in *De Taalstaat* met *Martin Buitenhuis* (KRO-NCRV, NPO Radio, 20 april 2019)
hiphopinjesmoel.com, *'Geld is geen meetlat voor wat we doen'*, 11 september 2015
Recensie: Engel en Just, Radio501.nl, 13 mei 2017
Sublime gaat voor doing good én feeling good, Matthijs van der Pol, *Adformatie*, 4 januari 2019
Hoe verleid je de Cultural Creative?, dippedingreen.wordpress.com, 30 juni 2010
'De Arena veranderde mijn leven', Dennis Jansen, *Algemeen Dagblad*, 19 september 2018
'Onze werelden komen bij elkaar', Stijn Fens, *Trouw*, 23 juni 2018
Trijntje eert haar vader Huub Oosterhuis, Johan Bakker, *Nederlands Dagblad*, 11 januari 2019
Trijntje Oosterhuis: 'Ik was mezelf kwijtgeraakt en de hele wereld keek mee', Evelien van Veen, de *Volkskrant*, 22 maart 2019
Vriend Trijntje Oosterhuis vindt haar 'ook lekker met een beetje vlees', Suzanne Borgdorff, *Algemeen Dagblad*, 14 mei 2019
'Een liedje is bijna als een relatie', Peter Bruijn, *Leeuwarder Courant*, 5 september 2017
Superslanke Trijntje straalt tijdens concert in nu ruim zittende Arenajurk. Tom Tates, *De Gelderlander*, 31 maart 2019
Gesprek in *De Taalstaat* (KRO-NCRV, NPO Radio 1, 7 juni 2019)
Gesprek in *De Taalstaat* (KRO-NCRV, NPO Radio 1, 22 juni 2019)
O ja! Jan Rot (Atlas Contact, Amsterdam, 2019)
Jan Rot is geen onontkoombaar verteller, Jan Vollaard, *NRC Handelsblad*, 26 september 2018
Annie M.G. Schmidtprijs voor zanger Jan Rot, de *Volkskrant*, 11 april 2016
'Mijn tijd moet nog komen', Rinske Wels, *Trouw*, 7 april 2017
Rots liedteksten maken gelukkig, Patrick van den Hanenberg, de *Volkskrant*, 19 november 2016
40 jaar geen hit is ook een carrière, Joost van Kleef, *Nieuwe Revu*, 7 mei 2019
Frank Boeijen haalt vast nog steeds zijn eigen krop sla en blok kaas, Sinan Can, *Algemeen Dagblad*, 9 juni 2019
Geraakt door hymne tegen de haat, Alexander van Eenennaam, *Algemeen Dagblad*, 6 mei 2019
Frank Boeijen over de twaalf nummers die zijn leven gevormd hebben, de *Volkskrant*, 6 mei 2019
Theatertour Frank Boeijen, *Algemeen Dagblad*, 25 april 2019
Nachtwacht heet officieel 'Nijmegen, de mensen, de stad', Geert Willems, *Algemeen Dagblad*, 11 april 2019
Pionier Frank Boeijen ontroert nog steeds, *Leeuwarder Courant*, 20 maart 2019
Thuis tussen Palermo en Praag, Herman Veenhof, *Nederlands Dagblad*, 19 januari 2018
Mooie Boeijen die mij al zo lang boeit, Vincent Bijlo, *Algemeen Dagblad*, 12 april 2017
Vaderland, Fidan Ekiz, *Algemeen Dagblad*, 14 september 2017
Boeijen dromeriger dan ooit, Arno Gelder, *Algemeen Dagblad*, 24 februari 2017
Frank Boeijen gebruikt zo min mogelijk woorden, Bernice Breure, *De Gooi- en Eemlander*, 9 september 2017
Boeijen blijft binnen de lijntjes, *Leeuwarder Courant*, 16 maart 2017

Credits muziek

Cd 1

1. Diggy Dex ft. Vali – La Vie Est Belle (R. van Mierlo / K. Jansen) BMG Talpa / We Want More Publishing ℗ 2018 We Want More Music / Noah's Ark VOF
2. Kommil Foo – Huis Van Fluweel (R. Walschaerts) Copyright Control ℗ 2017 Kommil Foo
3. Veldhuis & Kemper – Zelfs Nu Je Zwijgt (R. Veldhuis / R. Kemper) Copyright Control ℗ 2018 Veldhuis & Kemper B.V.
4. Spinvis – Stefan En Lisette (E. de Jong) Copyright Control ℗ 2017 Excelsior Recordings / Spinvis
5. Wende – Voor Alles (Wende / D. Verhulst) Tathata Music ℗ 2018 Tathata Music
6. Rob de Nijs – Zeg Me Nog Eén Keer (C. Grotenbreg / B. Meuldijk) Copyright Control ℗ 2017 Sony Music
7. Anouk – Kom Terug (A. Teeuwe / M. Gjerstad / T. Johansson) Copyright Control ℗ 2018 Goldilox, under exclusive license to Universal Music B.V.
8. Yentl en de Boer – Zitten In De Trein (Y. Schieman / C. de Boer) Copyright Control ℗ 2018 Yentl en de Boer
9. Slongs ft. Raymond van het Groenewoud – Wat Je Doet Met Mij (Y. Chellak / A. Croisy / D. Herssens / E. Rueda Baro / R. Peters / D. Bijlsma / C. Parassiadis / P. Govaerts) Copyright Control ℗ 2019 Fruity Label, exclusively licensed to Sony Music Entertainment Belgium NV/SA
10. Bløf ft. Geike Arnaert – Zoutelande (A. Bosse / P. Slager) Universal Music Publishing ℗ 2017 Altijd Wakker B.V., exclusively distributed by Sony Music Entertainment Netherlands B.V.
11. Youp van 't Hek – Niemand Weet Hoe Laat Het Is (Y. van 't Hek / T. Scherpenzeel) Copyright Control ℗ 1990 CNR Music

Cd 2

12. Ernst Jansz ft. Luna Jansz – Dan Huilt Mijn Hart (E. Jansz) Copyright Control ℗ 2017 Ernst Jansz, under exclusive license to Munich Records, a division of V2 Records Benelux

13. Theo Nijland – De Laatste Roker (T. Nijland) Fields of Roses Music ℗ 2019 Basta Music
14. Vreemde Kostgangers – Ik Heb Een Hekel Aan De Blues (G. Kooymans / B. de Groot) ATV / Copyright Control / Kid Music / Sony ℗ 2017 Universal Music B.V.
15. Nynke Laverman – Man Fan Hout (N. Laverman) Copyright Control ℗ 2016 Nynke Laverman (FAMA)
16. Van Dik Hout – Eén Nacht Eeuwigheid (M. Buitenhuis / D. Rensmaag) Copyright Control ℗ 2019 Van Dik Hout / AAA Label Service
17. Engel & Just ft. Jawek Kamstra – Zolang Hij Speelt (J. Adriaansens / S. Engel) Copyright Control ℗ 2015 Engelland
18. Trijntje Oosterhuis – Ken Je Mij (H. Oosterhuis / S. van der Loo) Copyright Control ℗ 2018 TRAIN-CHA
19. Jan Rot – Magistraal (J. Rot) Copyright Control ℗ 2018 Okapi
20. Frank Boeijen – Die Zelfbedachte Hemel (F. Boeijen) Boeijen Music ℗ 2018 Boeijen Music
21. Frank Boeijen – Alles Lijkt Zoals Het Was (F. Boeijen) Boeijen Music ℗ 2019 Boeijen Music
22. Rob de Nijs – Nu Ik Mijn Jaren Tel (Live in de Koningin Elisabethzaal) (E. Drake / F. Spits) Lindabet Music Inc. ℗ 2008 Trix Theater & Muziek B.V.

Mastering door: QS Sound Lab (track 22 mastering Peter Brussee)

www.universalmusic.nl

Met vriendelijke medewerking van AAA Labelservices, Basta Music, Boeijen Music, CNR Music, Engelland, Hekwerk Theaterprodukties, Kommil Foo, Rob de Nijs, Nynke Laverman, Pulse Management, Sony Music, Stichting Jan Rot, Universal Music, V.O.F. Yentl en de Boer, V2 Records en Wende B.V.

UNIVERSAL

UNIVERSAL MUSIC